Excelで
ここまでできる！

藤本 壱

Fujimoto
Hajime

株式投資の分析
＆
シミュレーション
完全入門

技術評論社

- Microsoft Windows、Microsoft Office Excel は、Microsoft Corporation の商標または登録商標です。本文中に™、®マークなどは特に明記しておりません。

- 最終的な投資の意思決定は、ご自身の判断でなさるようお願いいたします。本書の情報に基づいて被ったいかなる損害についても、筆者および技術評論社は一切の責任を負いません。あらかじめご了承ください。

- 本書に記載されている情報は2019年7月時点のものです。掲載の画面写真やURL などは予告なく変更されることがあります。

まえがき

　Excelは非常に便利な表計算ソフトで、ちょっとした計算から、高度で複雑な分析まで、さまざまな分野で使われています。

　もちろん、株式投資の世界でも、Excelを役立てることができます。ただ、どういう場面で役立つのか、またその際にExcelのどの機能を使い、どのように操作すればよいのかということが、あまり知られていないように思います。そのため、「株式投資にExcelを活かしたい」と思っても、手が出せない人が多いのではないでしょうか。

　本書は、このような「株式投資にExcelを活かしたい」という方のための本です。株式投資では、ファンダメンタル分析やテクニカル分析を行って、投資する銘柄やタイミングを選びますが、その際にExcelを活用する手法を解説します。

　テクニカル分析では、チャート作成はもちろんのこと、過去の株価を使って売買をシミュレーションする「バックテスト」のやり方も紹介しています。

　また、無謀な投資を行わないようにするために、投資の計画を立てたり、それをライフプラン作りと組み合わせたりすることについても解説します。

　なお、行う作業によっては、Excelで手作業では手間がかかりすぎて現実的でないものもあります（たとえばバックテストなど）。そのような作業については、本書特典の「株式投資アドイン」を使うことで、自動化できるようにしています。

　皆様が株式投資を行う上で、本書がお役に立ち、よりよい投資結果を出せるようになれば幸いです。

目次

プロローグ

◾ Excel は株式投資の武器になる 12
Excel を株式投資に活かそう 12
本書の構成 12
本書の想定読者 13

◾ 株式投資アドインと
サンプルファイルのインストール 15
株式投資アドインのインストール 15
サンプルファイルのダウンロード 20

第 **1** 章

投資計画に
Excel を活かす

◾ 投資にも計画が必要な理由 22
無謀な投資は資産を減らす 22
長期的な計画と適切な投資 23

◾ 投資の計算の超・基本 25
利回りの考え方 25
利益を再投資する「複利」 26
複利を式で表す 27
一定額ずつ投資する「積み立て」 28
年金的に資金を引き出す「取り崩し」 30

財務関数で基本的なプランを考える — 32
お金にまつわる財務関数 — 32
将来の投資結果（将来価値）を求める—FV関数 — 33
現在に必要な投資額（現在価値）を逆算する—PV関数 — 36
積み立てや取り崩しの1回あたりの金額を求める—PMT関数 — 38
必要な利率を求める—RATE関数 — 41
投資に必要な期間を求める—NPER関数 — 45
関数を組み合わせてプランを考える — 48

投資計画ワークシートを作る — 50
式を使って計画の幅を広げる — 50
投資計画ワークシートの作り方 — 52
複数のセルを一括して変更できるようにする — 56

ソルバーで投資計画の解を導き出す — 60
条件をつけて投資計画を立てたい — 60
ソルバーのアドインを追加する — 60
ソルバーの基本例 ⇒ 毎年の積み立て額を求める — 63
ソルバーの応用例 ⇒ 変数を増やし制約条件をつける — 69

投資計画と一緒に人生計画も立てる — 75
ライフイベント表とキャッシュフロー表 — 75
ライフイベント表／キャッシュフロー表の作成手順 — 76
キャッシュフロー表とソルバーを組み合わせる — 82

目次

第2章
テクニカル分析に Excelを活かす

■ なぜExcelで作るのか ——————————— 90
自由度の高いチャート作成 ————————————— 90
株価データの入手と注意事項 ——————————— 92
テクニカル指標の計算 ————————————————— 93

■ 株価データを入手する ——————————— 95
「株式投資メモ」からダウンロードする ———————— 95
Yahoo!ファイナンス（VIP倶楽部）からダウンロードする — 97
HYPER SBIからダウンロードする ———————————— 99

■ 日足データの変換と、週足／月足データの作成 —102
日足データの変換 ——————————————————— 102
週足／月足データの作成 ——————————————— 106

■ テクニカル指標を計算する ——————— 108
計算期間を指定するだけで計算できる指標の場合 ——— 108
計算方法が決まっている指標の場合 ————————— 111
ボリンジャーバンドの計算 ——————————————— 113
MACDの計算 ————————————————————— 115
複数のテクニカル指標の追加 ————————————— 117
テクニカル指標の削除 ———————————————— 118
指標の修正と再計算 ————————————————— 118
複数のパラメータを連動させる ———————————— 122

チャートを作成する 124

チャートのグループと株価チャートの作成 124

株価チャートにトレンド系指標を追加 128

オシレータ系／出来高系指標の追加 131

オシレータ系／出来高系指標のチャートに
別の指標を追加 134

平均足チャートの作成 135

一目均衡表の作成 137

チャートの表示期間の変更 140

チャートの縦軸の目盛の調節 142

チャートの再配置 144

チャートの削除 146

Excel標準の機能で行う操作 147

チャートサイズの初期値の設定 149

株価データを追加する 150

データ追加前の注意 150

1日分のデータを追加 151

複数の日のデータをまとめて追加 152

最新データに合わせてチャートを更新する 154

株式分割／併合があったときのデータの追加 154

オリジナル指標「RROC」を使いこなす 157

線形回帰の考え方 157

線形回帰を利用した「RROC」 158

RROCの特徴 159

RROCでの売買タイミングの判断 161

目次

第 **3** 章
売買のシミュレーション（バックテスト）にExcel を活かす

■ 株式投資のバックテスト ────────────── 166
バックテストとは？ ──────────────────── 166
株式投資アドインのバックテスト機能 ──────── 167
バックテストの注意点 ──────────────────── 168

■ バックテストと信用取引 ──────────── 170
信用取引とは？ ────────────────────── 170
大きな買いができる空買い ──────────────── 170
株価下落局面で利益を得られる空売り ──────── 171
信用取引のバックテストもできる ──────────── 172

■ 指標の方向などを求める ──────────── 173
指標の方向を判断する ──────────────────── 173
指標の転換を判断する ──────────────────── 175
指標のクロスを判断する ──────────────── 176
指標の範囲を判断する ──────────────────── 178

■ 売買の条件を決める ──────────────── 180
IF 関数の基本 ────────────────────── 180
売買条件用の列の追加 ──────────────────── 183
条件作成の例❶ ⇒ ゴールデンクロス／デッドクロスでの売買 ── 186
条件作成の例❷ ⇒ 乖離率での手仕舞いを追加 ──────── 195

■ バックテストを行う ─────────── 203
バックテストの始め方 ───────────── 203
バックテストの結果の見方（個々の売買の部分）── 206
バックテストの結果の見方（総合的な結果の部分）── 210

■ パラメータの最適値を探す ────── 214
パラメータの取り方を変えながらバックテストする ── 214
パラメータを変化させる場合のバックテストの手順 ── 215
［ステップ1］⇒ 2つの移動平均の計算期間の最適値を探す ── 217
［ステップ2］⇒ 乖離率の最適値を探す ─────── 227
［ステップ3］⇒ 損切りの最適値を探す ─────── 230

■ レバレッジの効果を調べる ────── 234
信用取引関係の設定 ─────────────── 234
レバレッジの威力 ──────────────── 236
レバレッジの効果があまり出ない場合 ───── 240

第 **4** 章

ファンダメンタル分析や
スクリーニングにExcelを活かす

■ 全銘柄の投資指標や株価データをダウンロードする ── 244
「決算プロ」から決算の情報をダウンロードする ── 244
「KABU+」から最新の情報をダウンロードする ── 249
「株価データ倉庫」から全銘柄の1日分の株価データを
ダウンロードする ───────────────── 250
KABU+から株価データをダウンロードする ──── 253

目 次

「GC HELLO TREND MASTER」で指標のデータも得る ── 254

複数のデータを組み合わせてExcelで分析する ── 255
VLOOKUP関数でデータをまとめる ──────────── 255
分析のための計算式を入力する ───────────── 262
銘柄をスクリーニングする ─────────────── 263

ピボットテーブルで銘柄のグループごとの傾向を分析する ── 267
グループごとの傾向を知りたい場合がある ─────── 267
分析の元になるデータを集める ───────────── 267
株価が上がった市場／業種を調べる ──────────── 274
株価水準と上昇率の関係を調べる ──────────── 278

分散投資のリスク軽減効果を調べる ── 284
リターンとリスクを数学的に表す ──────────── 284
2銘柄に分散投資したときのリターンとリスク ───── 285
分析ツールのインストール ─────────────── 288
分散投資の期待リターンとリスクを求める ─────── 288
最適な投資割合を求める ─────────────── 296

プロローグ

✛ prologue ✛

Excelは株式投資の武器になる

◢ Excelを株式投資に活かそう

マイクロソフトのExcelは、表計算ソフトの定番として、世界中で利用されています。日本でも、あらかじめExcelがインストールされたPCが数多く販売されていて、仕事などに活用している方も多いはずです。

Excelにはさまざまな機能があり、幅広い分野に役立てることができます。株式投資の分野でも、銘柄選びや売買タイミングの判断など、各種の分析を行う場面が多いので、Excelが非常に役立ちます。

とはいえ、「Excelでちょっと表を作ったりする程度」という方にとっては、**「Excelを株式投資に活かすといっても、どこからどうやって手をつけたらいいかわからない」**というのが実情ではないでしょうか?

そこで本書では、**Excelを株式投資に活かすための手法**を紹介していきます。

◢ 本書の構成

本書は4つの章に分かれています。

第1章は、**投資の計画を立てる**ことについての話です。「1年で資産を10倍にしたい」というような無理筋の計画を立てても、実現の可能性は極めて低いですし、無茶な売買をして資産を減らすことになりがちです。そこで、Excelの財務関数などを活用して、実現性が高い計画を立てる方法を紹介します。

第2章は、**テクニカル指標を計算したり、株価やテクニカル指標のチャートを作成したりする**話です。ネット証券などの情報サービスでもチャートを作ることはできますが、Excelを使うとより自由度が高いチャートを作ることができます。

第3章では、**バックテスト**について解説しています。過去の株価を元に売買を検証してみて、ご自分が行っているテクニカル分析の手法で利益が得られるのかどうかを調べることができます。

最後の第4章は、**ファンダメンタル分析やスクリーニング**に関係する話です。全銘柄のデータを元にして、スクリーニングで投資に適した銘柄を探したり、業種などのグループごとの特徴を調べたりする方法を説明します。また、分散投資のリスク軽減効果についても解説します。

◢ 本書の想定読者

本書は、以下のような方がお読みになることを想定して書かれています。

- 株式投資を普段から行っていて、ファンダメンタル分析やチャート分析については、ある程度知っている
- Excelも普段から使っていて、表やグラフを作ったり、計算式を入力したりすることができる

上記に当てはまらない方は、本書をお読みになる前に、以下の知識を仕入れておいていただければと思います。

▌株式投資にあまり詳しくない方の場合

「株式投資をこれから始める」というような方、あるいは「株の売買はしたことがあるが、分析まではしたことはない」というような方は、まず

株そのものの基本や、分析の仕方の基本についてマスターしてから、本書をお読みください。

業績や財務などのファンダメンタル分析の基本をマスターしたい方には、以下の書籍があります。

株を買うなら最低限知っておきたい　ファンダメンタル投資の教科書
足立武志・著、ダイヤモンド社

また、株価チャートから売買タイミングを判断するテクニカル分析については、以下の拙著があります。

実戦相場で勝つ！株価チャート攻略ガイド
藤本壱・著、自由国民社

Excelにあまり詳しくない方の場合

本書では、Excelの基本について、すでにご存じであることを前提にしています。「Excelはほとんど使ったことがない」という方は、まずExcelの入門書をお読みいただき、表・グラフの作成や、基本的な数式の入力について学んでおいてください。

ただ、本書で取り上げる内容の中には、「手作業でやろうとすると、相当頑張ればExcelでできるが、手間がかかりすぎて現実的ではない」というものもあります。たとえば、Excelでテクニカル指標を計算したり、株価チャートを作ったりすることはできますが、Excelの標準機能だけで行うには手がかかりすぎます。そこで、**そのような複雑な処理については、本書特典の「株式投資アドイン」で自動化する**ようにしています。

＋ prologue ＋

株式投資アドインと
サンプルファイルのインストール

0

プロローグ

Excelで株式の分析などを行う際に、手作業で行うには面倒なことがあります。本書では、そのような作業を簡単にするために、**「株式投資アドイン」**を提供しています。本書を読み進める前に、あらかじめインストールしておいてください。

また、本書内で取り上げているいくつかの事柄について、サンプルファイルを用意しています。そちらもお使いいただくと省力化できます。

◀ 株式投資アドインのインストール

株式投資アドインは、以下のサイトからダウンロードできます。

https://www.h−fj.com/excelstock/stockaddin.exe

ダウンロードしたファイルをマイコンピュータなどでダブルクリックすると、アドインが解凍されます。「WindowsによってPCが保護されました」のメッセージが表示されたときには、［詳細情報］の文字をクリックし、そのあとに［実行］のボタンをクリックします（図0−1）。

15

図0-1 「WindowsによってPCが保護されました」のメッセージ

アドインのファイルを解凍したら、Excelを起動して、以下の手順でアドインを組み込みます。

❶ Excelの［ファイル］タブをクリックし、最後にある［オプション］をクリックします（図0-2）。

図0-2 ［ファイル］タブの［オプション］をクリックする

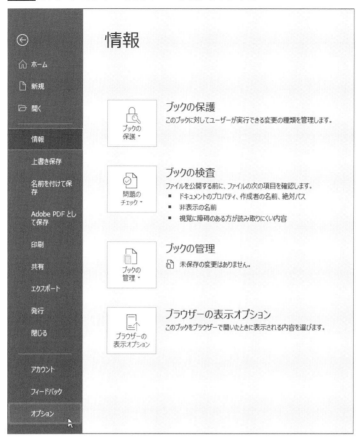

❷ ［Excelのオプション］のダイアログボックスが開きます。
❸ 左端の項目名一覧で［アドイン］をクリックします。
❹ アドインの画面に変わるので、その左下の方にある欄で「Excelアドイン」を選び、［設定］ボタンをクリックします（図0-3）。

図0-3 アドインの設定画面を開く

❺ [アドイン]ダイアログボックスが開きます。
❻ [参照]ボタンをクリックします。
❼ ファイル選択ダイアログボックスが開くので、Cドライブの「stockaddin」フォルダを開き、「stockaddin」ファイルを選び、[OK]ボタンをクリックします(図0-4)。
❽ [アドイン]ダイアログボックスに戻り、アドイン一覧に「Stockaddin」が追加されます。その左端のチェックをオンにして、[OK]ボタンをクリックします(図0-5)。

図0-4 stockaddinファイルを選ぶ

図0-5 「Stockaddin」のアドインをインストールする

株式投資アドインのインストールが終わると、リボンの右端に［株式］が追加されます。このタブに切り替えると、株式投資アドインの機能を選ぶメニューが表示されます（図0-6）。

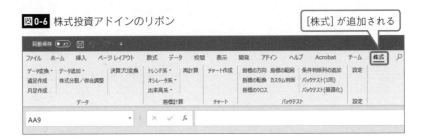

図0-6 株式投資アドインのリボン

サンプルファイルのダウンロード

　本書の中で、いくつかの事柄について**サンプルファイル**を用意しています。サンプルファイルは以下からダウンロードできます。

> https://www.h-fj.com/excelstock/sample.exe

　ダウンロードしたファイルをマイコンピュータなどでダブルクリックすると、解凍ツールが起動します。標準では、Cドライブの「essample」というフォルダにサンプルファイルを解凍するようになっています。
　なお、解凍ツールの起動の際に「WindowsによってPCが保護されました」のメッセージが表示されたときには、［詳細情報］の文字をクリックし、そのあとに［実行］ボタンをクリックします。
　解凍先のフォルダの中に、「part1」「part3」「part4」の章ごとのフォルダが作られ、その中にサンプルファイルがコピーされます。個々のサンプルファイルの使い方は各章の中で説明します。

第 1 章

投資計画に
Excel を活かす

株式投資を行う上で、「資産を長期的にどう増やして
いきたいか」「増やした資産をどう使っていくか」を考
えるのは非常に重要なことです。第1章では、投資計
画にExcelを活かす方法を解説します。

+ **Chapter 1** +

投資にも計画が必要な理由

第1章の最初として、株式投資を行う際に、長期的な計画を立てることの必要性について考えてみます。

◢ 無謀な投資は資産を減らす

　株式投資を行う際に、長期的な計画を立てている人は、どれくらいいるでしょうか?　**目先の儲けのことしか頭になく、「長期的に資産をどう増やしたいか」といったことは、まったく考えていない人もいるかもしれません。**

　しかし、ただ儲けようという考えだけだと、無謀な投資に走りがちです。運よく短期的に儲けることができるかもしれませんが、**勝ったり負けたりを繰り返すうちに、長期的には資産を減らす結果になってしまうことが通例**です。

　株式投資だと、リスクを取れば短期的に20〜30%の利益を得られることも十分あります。逆に、短期的に20〜30%の損失になってしまうことも十分あり得ます。そこで、以下のようなパターンで、資産がどうなるかを考えてみましょう。

❶ 売買するたびに、+20%の利益と、−20%の損失を繰り返す
❷ 資産は常に全額投資するものとする (プラスで資産が増えたときは、その増えた資産も投資に回す)

　最初に資産100万円でスタートしたとすると、その後の資産の動きは次ページの図1−1のようになります。じわじわと資産が減っていくことがわかります。

22

図1-1 勝ったり負けたりを繰り返すと資産は徐々に減っていく

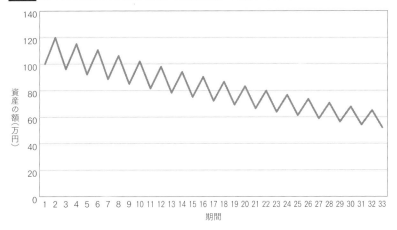

長期的な計画と適切な投資

　やみくもにリスクを取って無謀な売買を繰り返すのは、決してよいことではありません。 資産が増えるならまだしも、長期的には資産を減らす結果につながりやすいのが現実です。それでは、投資をする意味がありません。

　たとえば、「いまある100万円を1億円にしたい」という人がいたとします。しかし、これは当然簡単なことではありません。
　100万円を1億円にするには資産を100倍にすることになります。仮に10年で100倍にしようとすると、1年あたり約58.5％の利益をあげることが必要です（図1-2）。しかし、年58.5％の利益をコンスタントにあげ続けるのは、到底不可能なことです。その計画には無理があります。

図1-2 資産を100倍に増やすのに必要な利益率と年数の関係

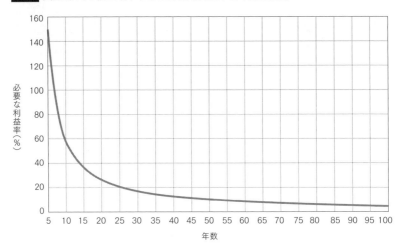

　計画を立ててみたところ、年5％の利益が出れば十分だとわかったとします。となれば、無理に大きなリスクを取らなくても、計画を達成できる可能性はあります。

　このように、**あらかじめ長期的な計画を立てて、計画に無理がないかどうかを考えた上で、適切な投資を行っていくべき**です。

　この第1章では、Excelを使って投資の計画を立てる方法を解説していきます。

＋ Chapter 1 ＋

投資の計算の超・基本

投資計画を考えるには、資金を運用するとどの程度増えるかを計算してみる
ことが必要です。まず、この計算の仕組みを理解しておきましょう。

◢ 利回りの考え方

　金融商品を比較する際には、**「利益をどのくらい得られるのか」**とい
う点を比べることが一般的です。その尺度として、**「利回り」**を使いま
す。

　利回りとは、一定の期間で、投資した金額に対して得られた利益の割
合を表します。式で表すと以下のとおりです。

利回り＝利益÷投資金額

　たとえば、ある銘柄に100万円を投資すると、1年間で5万円の利益
を得ることができるとします。この場合、年あたりの利回りは以下のよ
うに計算します。

年利回り＝5万円÷100万円＝0.05＝5％

　また、株式のように、利益が一定ではない金融商品もあります。その
ような場合は、**年あたりの平均の利回り**を考えることも一般的です。こ
れは以下の式で求めることができます。

年平均利回り＝利益÷投資金額÷投資年数

　たとえば、ある銘柄に100万円を投資すると、5年間で20万円の利益
を得ることができるとします。この場合の年平均利回りは、以下のよう

25

に計算します。

年平均利回り＝20万円÷100万円÷5年＝0.04＝4%

◢ 利益を再投資する「複利」

金融商品への投資方法の分類の1つとして、**「得られた利益をどのように扱うか」**という点があり、以下の2通りがあります。

- 得られた利益をそのまま残しておく
- 得られた利益を再度投資する（再投資）

前者を**「単利」**と呼び、後者を**「複利」**と呼びます。

たとえば、年利回り5%の金融商品に100万円を投資するとします。すると、1年で100万円×5%＝5万円の利益が得られます。利益の5万円を残しておいて、翌年にまた100万円だけ投資するのが単利の考え方です。一方、利益の5万円も投資に回し、翌年は105万円を投資するのが複利の考え方です。

長期間投資を続けるほど、複利は威力を発揮します。たとえば、年利回りが5%の金融商品に100万円を投資したとして、単利と複利を比較してみます。

単利では、1年あたり100万円×5%＝5万円の利益が出ることになりますので、10年だと5万円×10年＝50万円、20年だと5万円×20年＝100万円……というように、毎年一定の利益が積みあがる形になります。

一方の複利では、**利益が利益を呼び、雪だるま式に資金が増えていきます。**利益の総額を求めてみると、10年で約63万円、20年で約165万円、30年で約332万円……というように、利益の増え方が加速していきます（図1-3）。

26

図1-3 単利と複利では利益の増え方が違う

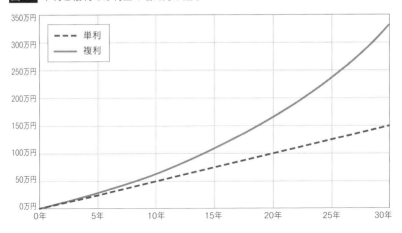

◢ 複利を式で表す

　最初の投資金額をA、年利回りをrで表すとします。この場合、1年目の利益は、投資金額×年利回りなので、以下の式で求めることができます。

1年目の利益　＝ A × r

　また、1年後の資金の額は、最初の投資金額と、1年目の利益の合計なので、以下の式で求められます。

1年後の資金額 ＝ A ＋ A × r ＝ A × (1＋r)

　次の1年間では、上記の1年後の資金額を投資に回します。そのため、2年目に得られる利益と、2年後の資金額は、以下のようにして求めることができます。

$$2年目の利益 ＝ \{A \times (1+r)\} \times r$$

$$\begin{aligned}2年後の資金額 &= 1年後の資金額＋2年目の利益\\ &= A \times (1+r) + \{A \times (1+r)\} \times r\\ &= A \times (1+r) \times (1+r)\\ &= A \times (1+r)^2\end{aligned}$$

　以下同様にして計算していくと、n年後の資金額は以下の式で求めることができます。

$$n年後の資金額 = A \times (1+r)^n$$

◢ 一定額ずつ投資する「積み立て」

　投資する際に、最初に資金を入れたあと、その後さらに資金を追加することもあります。定期的に資金を追加していくことを、一般に「**積み立て**」と呼びます。長期的に投資をしていくのであれば、毎年少しずつ積み立てる形になることが多いのではないでしょうか。

　利益を再投資する場合、ある年が終了した時点の資金額は以下のような考え方で計算します。

ある年の終了時点の資金額＝
　　　（前年終了時点の資金額＋積み立て額）×（1＋利回り）

　たとえば、積み立てを5年続けた時点で、資金が500万円になっているとします。この状態で、6年目の積み立てが終わったら、資金がいくらになるかを計算してみます。

　6年目に積み立てる額を50万円とし、利回りを5％とすると、6年目終了時点の資金額は以下のように計算します。

6年目終了時点の資金額

= (5年目終了時点の資金額＋積み立て額) × (1＋利回り)

= (500万円＋50万円) × (1＋0.05)

= 577.5万円

　毎年A円ずつ積み立てるとします。また、年利回りがrであるとします。この場合のn年後時点の資金の額は、以下のような公式で求められます。

$$n年後の資金額 = A \times \frac{(1+r) \times \{(1+r)^n - 1\}}{r}$$

　積み立ての場合も、利益を再投資することで、より大きく資金を増やすことができます。たとえば、毎年10万円ずつ積み立てて、利回りが0（＝まったく投資しない場合）／5％／10％の3つの場合で資金の増え方を比較してみると、次ページの図1-4のようになります。

　利回りが0の場合だと、最終的な金額は10万円×年数になります。10年だと100万円、30年だと300万円です。

　一方で利回りが上がるほど、利益が利益を生む効果が上がり、最終的な金額は大きく増えます。年10％で30年間積み立てると、最終的な資金額は約1,800万円になり、利回り0の場合の約6倍になっています。

1

投資計画にExcelを活かす

29

図1-4 利益を再投資しながら積み立てると効果が高い

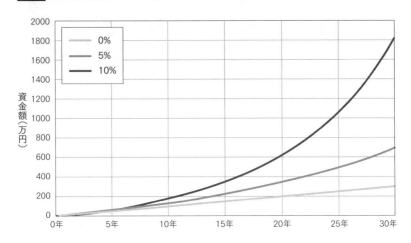

▲ 年金的に資金を引き出す「取り崩し」

　投資の目的として、「老後資金を作りたい」ということは多いと思います。この場合、60歳などのある年齢までは投資を続け、その後は資金を年金的に徐々に引き出していく形になります。この「年金的に資金を引き出す」ことを、一般に**「取り崩し」**と呼びます。

　取り崩しに入ったら、一切投資しないことも考えられますが、投資しながら取り崩すことも可能です。**投資することで資金を増やすことができますので、投資しないよりは取り崩せる額が増えたり、取り崩しの期間が長くなったりします。**

　投資しながら取り崩す場合、ある年が終了した時点の資金額は、以下のような考え方で計算します。積み立ての場合と考え方は同じですが、取り崩す分だけ徐々に減っていく点が違います。

> ある年の終了時点の資金額＝
> 　(前年終了時点の資金額−取り崩し額)×(1＋利回り)

たとえば、前年終了時点で資金が1,000万円あるとします。ここから100万円を取り崩すとして、今年末時点の資金を求めてみます。利回りを5%とすると、今年末終了時点の資金額は以下のように計算します。

今年末終了時点の資金額
　＝（前年終了時点の資金額－取り崩し額）×（1＋利回り）
　＝（1,000万円－100万円）×（1＋0.05）
　＝945万円

　投資しないで取り崩す場合だと、1,000万円から100万円を取り崩すと残りは900万円になります。投資することで、上記の例のように資金の減り方を抑えることができ、その分だけ取り崩せる期間を長くすることができます。

✛ Chapter 1 ✛

財務関数で基本的なプランを考える

Excelにはさまざまな関数があり、金融関係で役立つ「財務関数」という関数群があります。この節では、財務関数を使って投資の基本的なプランを考える方法を説明します。

◢ お金にまつわる財務関数

　Excelの特徴の1つに、**「関数」**があります。関数は、さまざまな計算を比較的簡単に行うための機能です。セル範囲の合計を求める「SUM」という関数や、平均を求める「AVERAGE」という関数などは、おなじみでしょう。

　関数は用途によっていくつかのグループに分類され、そのグループの1つに**「財務関数」**があります。財務関数は、名前のとおり、お金の計算に関係するような関数を表します。

　財務関数の中には、投資の計画を立てるのに役立つ関数もいくつかあります。このあとで順に解説しますが、以下のような計算を行う際に財務関数を使うことができます。

- いまある100万円を投資すると、10年後にはいくらになるか
- 投資した金額を10年後に100万円にするには、いまいくら用意すればよいか
- いまある100万円を10年間で200万円にするには、毎年どれくらいの利率が必要か
- いまある100万円を年10%で運用して200万円にするには、何年くらい期間が必要か
- 1,000万円を運用しながら20年間で取り崩すと、毎年いくらずつ取り崩すことができるか

32

この節では、財務関数を使った例を複数紹介します。それらのサンプルファイルを用意していますので、サンプルファイルを開いて実際に動作を確認しながら本書を読み進めるとよいでしょう（サンプルファイルのダウンロードについてはp.20を参照してください）。

サンプルは「finfunc.xlsx」というファイルに入っています。1つのファイルの中に複数のワークシートがあり、それぞれに例が入っています。シートの内容については、このあとの各箇所で順次説明していきます。

◢ 将来の投資結果（将来価値）を求める─FV関数

投資の計画を立てる上で、**「投資した金額が最終的にいくらになるか」**ということは、もっともよく出てきます。その際に使う関数として、**「FV」**があります。

FVは「Future Value」の略で、日本語に訳すと**「将来価値」**となります。いまある金額を元に、投資することでそのお金が将来いくらになるかを計算できます。また、積み立て投資をしたときに、将来いくらになるかを計算することもできます。

■ いまある金額を投資した結果を求める

まず、**いまある金額を投資することで、将来いくらになるか**を求めてみましょう。この場合、FV関数は以下のような書き方をします。

```
=FV(利率,年数,0,-現在の金額,1)
```

「利率」には、年あたりの利回りを指定します。また、「現在の金額」には、いまある金額を指定します。その際、金額の前にマイナスを付けます。

財務関数では、金額にマイナスが付く場合は「支払い」を意味し、プラスの場合は「受け取り」を意味します。

33

たとえば、いま100万円あるものとして、年率5％で運用すると、10年後にいくらになるかを求めたいとします。この場合、セルに以下のような式を入力します。

```
=FV(5%,10,0,-1000000,1)
```

すると、セルには「¥1,628,895」と表示されます。つまり、100万円が10年後には約163万円になることがわかります（図1-5）。

なお、このサンプルはfinfunc.xlsxファイルの「FV1」シートにあります。

図1-5 FV関数で将来価値を求めた例

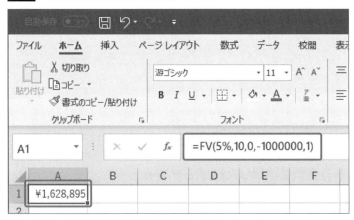

積み立て投資した結果を求める

いまある資金だけで投資を行うこともありますが、毎年少しずつ投資に回し増やしていくことも考えられます。たとえば、毎年30万円ずつを投資に回すような場合が該当します。

このように、**積み立て的に投資していって、将来いくらになるか**を求める場合にもFV関数を使います。書き方は以下のようになります。

```
=FV(利率,年数,-毎年の投資額,0,1)
```

たとえば、毎年30万円ずつ投資していき、年率5%で運用すると、10年後にいくらになるかを求めたいとします。この場合、セルに以下のような式を入力します。

```
=FV(5%,10,-300000,0,1)
```

この式を入力すると、セルには「¥3,962,036」と表示されます(図1-6)。30万円ずつを10年間単純に積み立てるだけだと、30万円×10年＝300万円です。しかし、運用しながら積み立てることで、約96万円増やすことができるとわかります。

このサンプルはfinfunc.xlsxファイルの「FV2」シートにあります。

図1-6 FV関数で積み立ての結果を求めた例

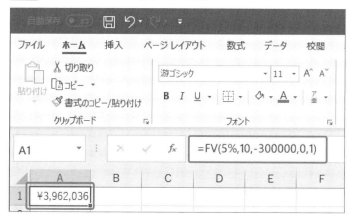

現在に必要な投資額（現在価値）を逆算する─PV関数

「投資すると最終的にいくらになるか」という計算はよく行いますが、それと同様に**「将来に○○円を得るにはいまいくら必要か」**という逆算を行いたい場合も多いものです。

このような場合には、**「PV」**という関数を使います。PVは「Present Value」の略で、日本語に訳すと**「現在価値」**になります。

将来得たい金額から逆算する

PV関数で、いま投資に必要な額を計算するには、セルに以下のような式を入力します。

```
=PV(利率,年数,0,将来得たい金額,1)
```

たとえば、年5％で運用して、10年後に1,000万円を得られるようにしたいとします。この場合、セルに以下の式を入力します。

```
=PV(5%,10,0,10000000,1)
```

この結果は「¥-6,139,133」になります（図1-7）。つまり、いまの時点で約614万円を用意すれば、年5％で10年間運用することで、1,000万円を得られることがわかります。

PV関数の結果にはマイナスが付きます。前述したように、マイナスは支払いを意味しています。

このサンプルは、finfunc.xlsxファイルの「PV1」シートにあります。

FV関数では、いま一括で資金を投資する場合と、毎年一定額ずつ投資する場合の計算を行うことができました。一方、PV関数は、いま一括で投資するとした場合に必要な金額を求めることはできますが、毎年

一定額を投資する場合の金額は「PMT」という別の関数で求めます。PMT関数は、すぐこのあとで解説します。

図1-7 PV関数でいま必要な金額を求めた例

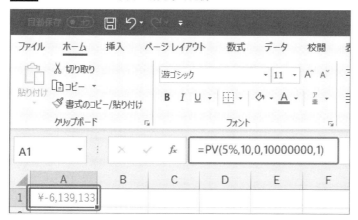

毎年取り崩したい金額から逆算する

PV関数では、**運用しながら毎年一定額ずつ取り崩す場合に、現時点で必要な金額**を求めることもできます。この場合は、セルに以下のような式を入力します。

```
=PV(利率,年数,毎年取り崩したい金額,0,0)
```

たとえば、年5%で運用しつつ、毎年100万円ずつ取り崩して、10年間受け取れるようにしたいとします。この場合に、いまの時点で必要な金額を求めるには、セルに以下の式を入力します。

```
=PV(5%,10,1000000,0,0)
```

結果は「¥-7,721,735」となります（図1-8）。つまり、いまの時点で約772万円を用意する必要があるとわかります。

このサンプルは、finfunc.xlsxファイルの「PV2」シートにあります。

図1-8 PV関数で毎年取り崩したい金額からいま必要な額を逆算した例

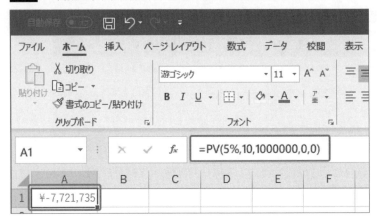

積み立てや取り崩しの1回あたりの金額を求める―PMT関数

積み立てながら資産を増やしたり、あるいは資産を少しずつ取り崩したりする際に、**「毎年の金額をいくらにすればよいか」**を知りたい場合もあります。

このようなときには、**「PMT」**という関数を使います。PMTは「Payment」を略したものです。

毎年の積み立て額を求める

まず、**最終的な目標金額から、毎年の積み立て金額を求める**方法を紹介します。この場合は、PMT関数を以下のように書きます。

```
=PMT(利率,年数,0,目標金額,1)
```

たとえば、年5%で運用して、10年後に1,000万円を得たいとします。この場合の毎年の積み立て額は、以下の式で求めることができます。

```
=PMT(5%,10,0,10000000,1)
```

セルに入力した結果は「¥-757,186」となります（図1-9）。ただ積み立てるだけだと、毎年の積み立て額は1,000万円÷10年＝100万円になりますので、運用することでより少ない額で済むことがわかります。

このサンプルは、finfunc.xlsxファイルの「PMT1」シートにあります。

図1-9 PMT関数で毎年の積み立て額を求めた例

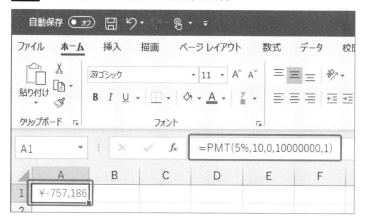

毎年取り崩せる額を求める

ある金額を現時点で投資し、運用しながら取り崩す場合に、毎年いくらずつ取り崩せるかを求めたいときには、PMT関数を以下のように書きます。

```
=PMT(利率,年数,-現在投資する金額,0,0)
```

たとえば、現時点で1,000万円を投資して、年5％で運用しながら、10年にわたって取り崩すとします。毎年取り崩せる金額を求めるには、セルに以下の式を入力します。

```
=PMT(5%,10,-10000000,0,0)
```

結果は「¥1,295,046」となります（図1-10）。運用せずに単純に取り崩すと、毎年取り崩せる額は1,000万円÷10年＝100万円になります。しかし、運用しながら取り崩すことで、より多い額を得られることがわかります。

このサンプルは、finfunc.xlsxファイルの「PMT2」シートにあります。

図1-10 PMT関数で毎年取り崩せる額を求めた例

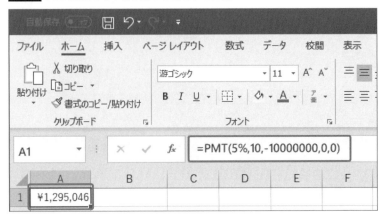

◤ 必要な利率を求める─RATE関数

投資の計画を立てる上で、**「目的を達成するには、毎年どの程度の利率をあげる必要があるのか」**ということを知るのも重要です。これは、**「RATE」**という関数で求めることができます。

▎一括で投資する場合の利率を求める

まず、いまの時点で一括で資金を投資する場合に、RATE関数で利率を求めてみます。この場合は以下のような書き方をします。

```
=RATE(年数,0,-いま投資する金額,将来得たい金額,1)
```

たとえば、いま100万円を投資して、10年後に300万円を得たいとします。この場合に必要な利率を求めるには、セルに以下の式を入力します。

```
=RATE(10,0,-1000000,3000000,1)
```

この式を入力すると、セルには「12%」と表示されます。つまり、100万円を10年で300万円まで増やすには、年12%で運用する必要があるとわかります。

このサンプルは、finfunc.xlsxファイルの「RATE1」シートにあります。

なお、RATE関数を入力した時点では、パーセントの少数点以下は表示されません。小数点以下まで表示したい場合は、Excelの［ホーム］タブの［数値］部分にある［小数点以下の表示桁数を増やす］ボタンをクリックします（図1-11）。1回クリックするごとに、小数点以下が1桁増えます。

たとえば、前述の例で、［小数点以下の表示桁数を増やす］を2回クリックすると、表示は「11.61%」に変わります（図1-12）。

41

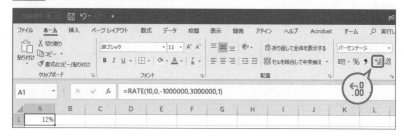

図1-11 ［小数点以下の表示桁数を増やす］ボタン

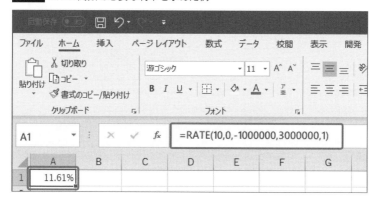

図1-12 RATE関数で必要な利率を求めた例

積み立てで投資する場合に必要な利率を求める

RATE関数では、**積み立てで投資する場合に必要な利率**を求めることもできます。この場合は、以下のような書き方をします。

=RATE(年数,-毎年の積み立て額,0,将来得たい金額,1)

RATE関数の結果はパーセント単位で表示されます。パーセントの小数点以下まで表示したい場合は、前述のとおり、RATE関数の式をセルに入力したあと、［ホーム］タブの［小数点以下の表示桁数を増やす］ボタンをクリックして、桁数を調節します。

たとえば、毎年30万円ずつ投資しながら運用し、10年後に500万円

を得たいとします。この場合に必要な利率を求めるには、セルに以下の
式を入力します。

```
=RATE(10,-300000,0,5000000,1)
```

　この式をセルに入力したあと、[小数点以下の表示桁数を増やす] ボタ
ンを2回クリックして、結果を小数点以下2桁まで表示すると、図1-13
のようになります。つまり、毎年30万円を積み立てながら運用し、10
年で500万円にするには、年あたり約9.1%の利率をあげる必要があるこ
とになります。
　このサンプルは、finfunc.xlsx ファイルの「RATE2」シートにあります。

図1-13 RATE関数で必要な利率を求めた例

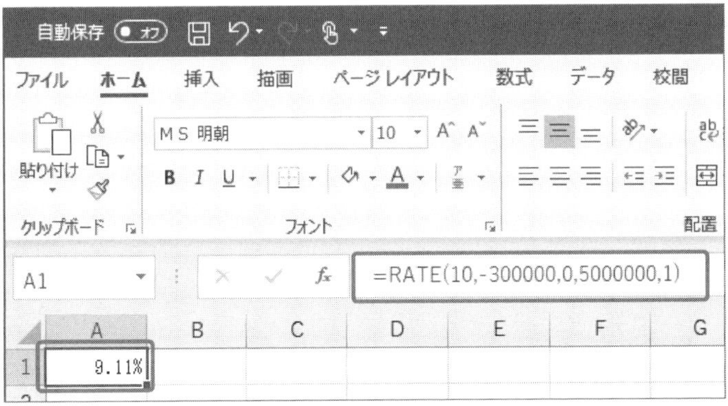

定期的に取り崩す場合に必要な利率を求める

　RATE関数では、**運用しながら定期的に取り崩す場合に必要な利率**を求めることもできます。この場合は以下のような書き方をします。

```
=RATE(年数,毎年取り崩す金額,-いま用意する金額,0,0)
```

　たとえば、いま1,000万円を用意して運用し、そこから毎年100万円ずつを20年間にわたって取り崩せるようにしたいとします。この場合に必要な利率を求めるには、セルに以下の式を入力します。

```
=RATE(20,1000000,-10000000,0,0)
```

　この式をセルに入力して、［小数点以下の表示桁数を増やす］ボタンをクリックすると、結果は7.75％になります（図1-14）。1,000万円を元に、運用せずに毎年100万円ずつ取り崩せば、1,000万円÷100万円＝10年でゼロになります。しかし、運用しながら取り崩すことで、年数を延ばせることがわかります。

　このサンプルは、finfunc.xlsxファイルの「RATE3」シートにあります。

図1-14 取り崩しに必要な利率を求めた例

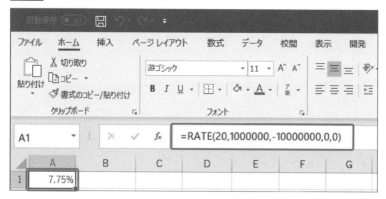

◢ 投資に必要な期間を求める―NPER関数

　「目標を達成するために、どのくらいの期間（年数）が必要になるか」ということも、計画を立てる上で重要です。その際には「NPER」という関数を使います。

■ 一括で投資する場合に必要な期間を求める

　まず、**いまの時点で一括して資金を投資し、それを運用していって、最終的な目標金額にするときに、それにかかる期間**を求めてみましょう。この場合はNPER関数を以下のように書きます。

```
=NPER(利率,0,-現在投資する金額,将来得たい金額,1)
```

　たとえば、いま100万円を投資し、年5％で運用しつつ、最終的に500万円にしたいとします。このときに必要な年数を計算するには、セルに以下の式を入力します。

```
=NPER(5%,0,-1000000,5000000,1)
```

　実際に入力して結果を見ると、「32.98693」と表示され、約33年間投資を続ける必要があることがわかります（図1-15）。

　このサンプルは、finfunc.xlsxファイルの「NPER1」シートにあります。

図1-15 現在一括して投資した場合に必要な年数を求めた例

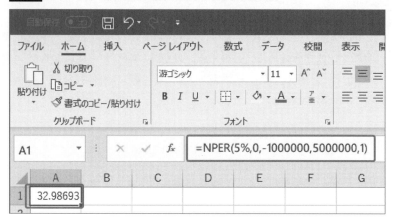

積み立てで投資する場合に必要な期間を求める

毎年一定額を積み立てながら投資する場合に、**必要な年数**を求めることもできます。この場合は、NPER関数を以下のように入力します。

```
=NPER(利率,-毎年の積み立て額,0,将来得たい金額,1)
```

たとえば、毎年10万円を積み立て、年5%で運用しながら、最終的に500万円を得たいとします。このときに必要な年数を求めるには、セルに以下の式を入力します。

```
=NPER(5%,-100000,0,5000000,1)
```

計算結果は「24.96727」と表示され、約25年かかることがわかります（図1-16）。

このサンプルは、finfunc.xlsxファイルの「NPER2」シートにあります。

図1-16 積み立てで投資する際に必要な期間を求めた例

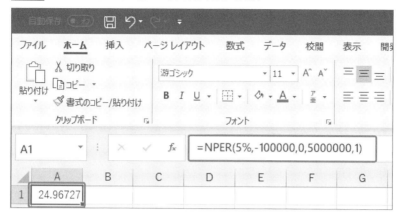

取り崩すことができる期間を求める

　いまある資金を運用しながら定期的に取り崩していくときに、どのくらいの期間取り崩しを続けることができるかも、NPER関数で求めることができます。この場合の書き方は以下のようになります。

```
=NPER(利率,毎年取り崩す金額,-いまの資金の額,0,0)
```

　たとえば、いま1,000万円あるとして、それを年5％で運用しつつ、毎年100万円ずつ取り崩していくとします。この場合に取り崩すことができる年数を求めるには、セルに以下の式を入力します。

```
=NPER(5%,1000000,-10000000,0,0)
```

　結果は「14.2067」となり、約14年間取り崩し続けられることがわかります（図1-17）。運用しなければ1,000万円÷100万円＝10年ですが、運用することで4年間延ばせるということです。
　このサンプルは、finfunc.xlsxファイルの「NPER3」シートにあります。

図1-17 取り崩し続けられる期間を求めた例

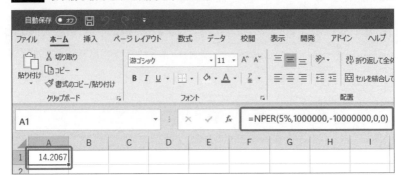

関数を組み合わせてプランを考える

　ここまで紹介した関数を組み合わせて、プランを考えることもできます。

　たとえば、「30歳から毎年30万円ずつを30年間（60歳まで）積み立て、その後80歳まで（20年間）取り崩すとすれば、毎年いくらずつ取り崩すことができるか」ということを考えたいとします。これは、以下の2つの問題に分けることができます。

❶ 毎年30万円ずつ30年間積み立てると、資金はいくらになるか
❷ ❶の資金を20年間取り崩すと、毎年いくらずつ取り崩すことができるか

　❶の問題は、FV関数で求めることができます（➡p.33）。一方、❷の問題は、PMT関数で求めることができます（➡p.38）。

　仮に、積み立て／取り崩しのどちらの期間も、年5％で運用できるとします。すると、❶の問題は以下のFV関数で求めることができます。

```
=FV(5%,30,-300000,0,1)
```

また、上記のFV関数をA1セルに入力したとすると、❷の問題は以下のPMT関数で求めることができます。

```
=PMT(5%,20,-A1,0,1)
```

　実際にこれらの式をワークシートに入力してみると、PMT関数の結果は「¥1,599,368」になります。つまり、毎年約160万円ずつ取り崩せることがわかります（図1-18）。
　このサンプルは、finfunc.xlsxファイルの「FUNCS」シートにあります。

図1-18 FV関数とPMT関数を組み合わせてプランを立てる

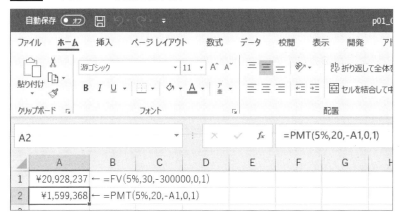

＋ **Chapter 1** ＋

投資計画ワークシートを作る

関数を使えば大まかな投資計画を考えることができますが、より細かな投資
計画を立てるには、ワークシートに式を入力して計算していきます。

式を使って計画の幅を広げる

FVなどの関数を使うと、大まかな投資計画を考えることができます。
ただ、**これらの関数はシンプルなものであり、複雑なプランを考えるの
には向いていません。**

たとえば、FV関数を使うと、積み立てで投資したときの結果を求め
ることができます。ただ、毎年の積み立て額が一定である場合しか使う
ことができません。「投資する金額を徐々に増やしていきたい」といっ
た場合には、FV関数では対応しきれなくなります。

このように、関数だけでは計画を立てきれない場合があります。そん
なときは、**関数を使わずに、計算式をワークシートに入力することで、
計画の幅を広げることができます。**

この節では、最終的には次ページの図1-19のようなワークシートを
作ります。その具体的な手順を解説します。

このサンプルファイルは「plan1.xlsx」です。ファイルをExcelで見な
がら本書を読み進めてもらうとよいでしょう。

50

図1-19 投資計画ワークシートの例

	A	B	C	D	E
1	年	増減	利回り	資金額	
2	1	1000000	3%	1030000	
3	2	300000	3%	1369900	
4	3	300000	3%	1719997	
5	4	300000	3%	2080597	
6	5	300000	3%	2452015	
7	6	300000	5%	2889616	
8	7	300000	5%	3349096	
9	8	300000	5%	3831551	
10	9	300000	5%	4338129	
11	10	300000	5%	4870035	
12	11	500000	5%	5638537	
13	12	500000	5%	6445464	
14	13	500000	5%	7292737	
15	14	500000	5%	8182374	
16	15	500000	5%	9116492	
17	16	500000	5%	10097317	
18	17	500000	5%	11127183	
19	18	500000	5%	12208542	
20	19	500000	5%	13343969	
21	20	500000	5%	14536168	
22	21	-1000000	3%	13942253	
23	22	-1000000	3%	13330520	
24	23	-1000000	3%	12700436	
25	24	-1000000	3%	12051449	
26	25	-1000000	3%	11382992	
27	26	-1000000	3%	10694482	
28	27	-1000000	3%	9985317	
29	28	-1000000	3%	9254876	
30	29	-1000000	3%	8502522	
31	30	-1000000	3%	7727598	

◢ 投資計画ワークシートの作り方

それでは、**投資計画ワークシート**を実際に作っていくことにしましょう。

■ 基本的な考え方

p.28、p.30で、積み立てや取り崩しを行う場合の資金額の計算方法を紹介しました。式は以下のようなものです。

■ 積み立ての場合

> ある年の終了時点の資金額＝
> 　（前年終了時点の資金額＋積み立て額）×（1＋利回り）

■ 取り崩しの場合

> ある年の終了時点の資金額＝
> 　（前年終了時点の資金額−取り崩し額）×（1＋利回り）

積み立てと取り崩しは、実のところは同じ式です。取り崩しは、「**マイナスの積み立て**」と考えることができ、以下の式にまとめることができます。増減がプラスなら積み立てで、マイナスなら取り崩しになります。

> ある年の終了時点の資金額＝
> 　（前年終了時点の資金額＋増減）×（1＋利回り）

この考え方をそのまま使って、Excelの式で表すことで、資金の計画を立てることができます。

ワークシートの外枠を作る

　まず、p.51 に示した図 1–19 のワークシートの中で、簡単な部分から作っていきます。ワークシートの 1 行目（「年」「増減」など）と、1 列目（年数）を入力します。

　1 行目は単純に文字を入力するだけです。また、1 列目の「1」「2」……は、手入力でもできますが、Excel のオートフィルの機能を使って一気に入力する方がよいでしょう。具体的には以下のように入力します。

❶ A2 セルの「1」と A3 セルの「2」を入力します。

❷ A2 セルと A3 セルを選択します。

❸ A3 セルの右下にマウスポインタを合わせます。

❹ マウスポインタの形が「+」に変わりますので、必要な年数分までマウスを下にドラッグします。

毎年の積み立て／取り崩しの額を入力する

　B 列（「増減」の列）には、毎年の積み立て額または取り崩し額を入力します。積み立てはプラス、取り崩しはマイナスで入力します。また、積み立ても取り崩しも行わないなら、「0」を入力します。

　たとえば、最初の時点で 100 万円を投資し、2 年目〜 10 年目は毎年 30 万円ずつ積み立てるとします。この場合は、B2 セルに「1000000」と入力し、B3 〜 B11 セルに「300000」と入力します。

利回りを入力する

　次に、C 列に毎年の利回りを入力します。

　毎年一定の利回りで運用すると仮定する場合は、単純に C 列の各行のセルにその利回りを入力します。たとえば、毎年 5% で運用すると仮定する場合は、C 列の各行のセルに「5%」と入力します。

　「最初の 5 年間は投資に慣れていないので利回りを 3% に見積もり、そ

のあとで利回りを5%に引き上げる」というようなことも可能です。その場合には、最初の5年間の利回りのセルには「3%」と入力し、そのあとのセルには「5%」と入力します。

資金額の列に計算式を入力する

最後に、資金額の列に計算式を入力します。

まず、1年目の資金額（D2セル）を求める式を入力します。1年目は投資を始めたばかりで、前年終了時点の資金額は0です。そして、増減はB2セル、利回りはC2セルに入力していますので、これらからD2セルには以下の式を入力します（図1-20）。

```
=B2*(1+C2)
```

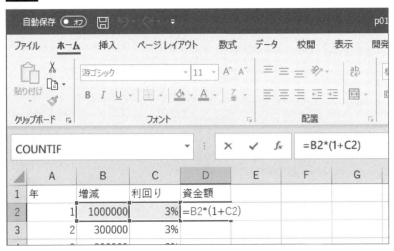

図1-20 1年目の資金額を求める

次に、2年目の資金額（D3セル）を求める式を入力します。前年終了時点の資金額／増減／利回りは、それぞれD2セル／B3セル／C3セルに入力していますので、これらからD3セルには以下の式を入力し

ます(図1-21)。

```
=(D2+B3)*(1+C3)
```

図1-21 2年目の資金額を求める

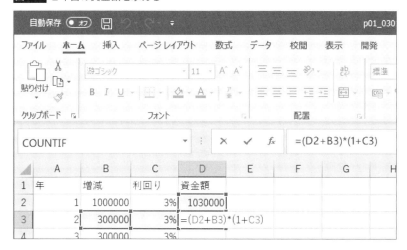

そして、2年目の資金額のセル(D3セル)をコピーして、3年目以降の資金額のセル(D4セル以降)に貼り付けます。これで、各年の資金額を求めることができます。

投資計画ワークシート例の作り方

p.51の図1-19で投資計画ワークシートの例を紹介しましたが、このワークシートは以下のようなことを想定して作っています。

❶ 初期投資額は100万円
❷ 2年目～10年目は年あたり30万円を積み立てる
❸ 11年目～20年目は年あたり50万円を積み立てる
❹ 21年目～30年目は年あたり100万円を取り崩す
❺ 1年目～5年目と、21年目～30年目は年3%で運用する

❻ 6年目～20年目は年5％で運用する

このワークシートの入力手順は、以下のようになります。

❶ 1行目に「年」「増減」などを入力します。
❷ A列に「1」～「30」を入力します。
❸ 1年目の増減（B2セル）に「1000000」と入力します。
❹ 2年目～10年目の増減（B3～B11セル）に「300000」と入力します。
❺ 11年目～20年目の増減（B12～B21セル）に「500000」と入力します。
❻ 21年目～30年目の増減（B22～B31セル）に「−1000000」と入力します。
❼ 1年目～5年目の利回り（C2～C6セル）に「3％」と入力します。
❽ 6年目～20年目の利回り（C7～C21セル）に「5％」と入力します。
❾ 21年目～30年目の利回り（C22～C31セル）に「3％」と入力します。
❿ 1年目の資金額（D2セル）に「=B2*(1+C2)」の式を入力します。
⓫ 2年目の資金額（D3セル）に「=(D2+B3)*(1+C3)」の式を入力します。
⓬ D3セルをコピーして、D4～D31セルに貼り付けます。

◢ 複数のセルを一括して変更できるようにする

いまの時点のワークシートでも、計画を立てるワークシートとしてはそこそこ使えます。ただ、**計画を立てたあとで修正する際に、あまり便利とはいえません。**

たとえば、p.51の図1-19の例では、21年目以降の取り崩し額を100万円にしています。ここで、この額を150万円に変えたいとします。この場合、まず21年目の取り崩し額（B22セル）に「−1500000」と入力し、そのセルをコピーして、22年目～30年目の取り崩し額（B23～B31セル）に貼り付けるという流れになります。

56

計画を修正するたびにコピーと貼り付けが必要になるのは不便です。そこで、**セルを1つ書き換えるだけで、複数のセルにその値が反映されるようにします。**

それには、Excelの**「リンク貼り付け」**という機能を使います。手順は以下のようになります。

❶ 一括して変更したい値を、ワークシートのどこかのセルに入力します。

❷ ❶のセルをコピーします。

❸ 一括して変更したいセルを選択します。

❹ ［ホーム］タブの［貼り付け］ボタンの「貼り付け」の文字のあたりをクリックします。

❺ 貼り付け方法を選ぶアイコンが表示されますので、［その他の貼り付けオプション］の左から2番目のアイコン（［リンク貼り付け］、鎖のようなアイコン）をクリックします（図1-22）。

図1-22 ［リンク貼り付け］のアイコンをクリックする

次ページの図1-23は、2年目〜10年目の投資額／11年目〜20年目の投資額／21年目〜30年目の取り崩し額を、G2〜G4セルの書き換えで一括して変更できるようにした例です。

　2年目〜10年目の投資額では、以下の手順でリンク貼り付けを行っています。

❶ G2セルをコピーします。
❷ B3〜B11セルを選択します。
❸ ［ホーム］タブの［貼り付け］ボタンからリンク貼り付けを行います。

　11年目〜20年目の投資額と、21年目〜30年目の取り崩し額でも、上記と同様の手順でリンク貼り付けを行っています。

　なお、このサンプルファイルは「plan2.xlsx」です。

図1-23 リンク貼り付けで投資額などを一括して変更できるようにした例

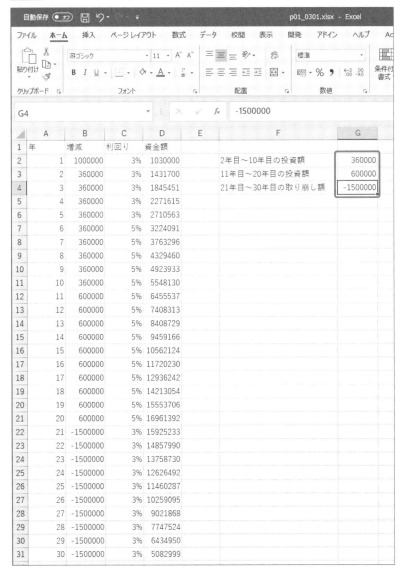

+ **Chapter 1** +

ソルバーで投資計画の解を導き出す

前の節で投資計画ワークシートを作りましたが、「ソルバー」という機能を組み合わせると、実現可能な投資計画の中で最適なものを導き出すことができます。

◢ 条件をつけて投資計画を立てたい

前の節の投資計画ワークシートでは、それぞれのセルに入力した値には、制約を何もつけていませんでした。しかし、実際に投資を進めていく上では、いろいろな**制約**が出てきます。

たとえば、「毎年100万円を積み立てたい」と思ったとしても、実際にそれを実現するのはそう簡単ではありません。この場合だと、**毎年の積み立て額に上限を設定して、その範囲内で可能な投資計画を立てたい**ところです。

このように、投資計画ワークシートの中で、いくつかのセルに制約をつけて、その範囲の中で可能な計画を導き出したい場面が出てきます。Excelには**「ソルバー」**という機能があって、制約がある中で最適な解を導き出すことができます。この節では、ソルバーを投資計画ワークシートと組み合わせる方法を解説します。

◢ ソルバーのアドインを追加する

Excelを普通にインストールした状態だと、ソルバーの機能は使えるようになっていません。ソルバーは**「アドイン」**（Excelを拡張するプログラム）の一種で、必要に応じて追加する形になっています。

ソルバーのアドインを追加するには、以下の手順を取ります。

60

❶ [ファイル]タブをクリックし、Excelの画面の左下の[オプション]をクリックします(図1-24)。
❷ [Excelのオプション]ダイアログボックスが開きますので、左端の項目の中で[アドイン]をクリックします。
❸ アドイン関係の画面に変わりますので、左下の方にある[管理]のところで「Excelアドイン」を選択し、その右の[設定]ボタンをクリックします(図1-25)。
❹ [アドイン]ダイアログボックスが開きますので、「ソルバーアドイン」のチェックをオンにして、[OK]ボタンをクリックします(図1-26)。

ソルバーのアドインを追加すると、[データ]タブの右端に[ソルバー]のボタンが追加されます(図1-27)。

図1-24 [オプション]をクリック

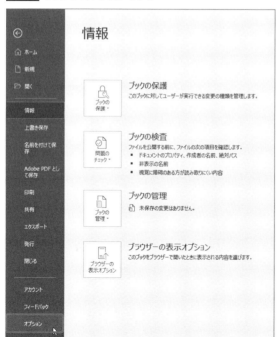

図1-25 アドインの設定を行う

図1-26 ソルバーアドインを追加する

図1-27 ［データ］タブの右端に［ソルバー］ボタンが追加された

1

投資計画にExcelを活かす

◢ ソルバーの基本例 ⇒ 毎年の積み立て額を求める

ソルバーを使った基本的な事例として、以下のような条件で資金を作りたい場合を考えてみます。

- ❶ 最終目標は1,000万円
- ❷ 投資期間は20年
- ❸ 年3％で運用
- ❹ 初期投資金額は100万円
- ❺ 2年目以降は積み立てを行い、積み立て額を毎年1万円ずつ増やす

この条件では、2年目の積み立て額が決まっていない状態です。これをソルバーで求めてみます。

▌投資計画ワークシートを作る

まず、**ソルバーの元になる投資計画ワークシートを作ります**。基本的な作り方は前の節で解説したとおりです。まず、以下の手順で入力していきます。

- ❶ 1行目に「年」「増減」「利回り」「資金額」と入力します。
- ❷ 年の列（A2～A21セル）に「1」～「20」を入力します。
- ❸ 初期投資金額（B2セル）に「1000000」を入力します。
- ❹ 1年目の金額のセル（D2セル）に「=B2*(1+C2)」の式を入力します。
- ❺ 2年目の金額のセル（D3セル）に「=(D2+B3)*(1+C3)」の式を入力します。

63

❻ 2年目の金額のセル（D3セル）をコピーし、3年目～20年目の資金額のセル（D4～D21セル）に貼り付けます。

　2年目の積み立て額はソルバーで求めるので、いまの時点ではまだ決まっていません。そこには、とりあえず仮の資金額として、「300000」と入力します。

　また、3年目以降は積み立て額を毎年1万円ずつ増やしていきます。これは、「ある年の積み立て額は、前年の積み立て額に1万円を足す」と考えて、式の形で入力します。

　3年目の積み立て額（B4セル）の場合だと、2年目の積み立て額（B3セル）に10000を足した値になります。そこで、B4セルに以下の式を入力します（図1-28）。

```
=B3+10000
```

　そして、B4セルをコピーして、B5～B21セルに貼り付けます。これで、B5セル以降にも、「前年の積み立て額（＝1つ上のセル）に1万円を足す」という式が入力されます。

　次ページの図1-29は、ここまでの作業を終えた状態です。20年後の資金額（D21セル）を見てみると、約1,167万円になっていて、目標の1,000万円を上回っています。となると、2年目の積み立て額は30万円より少なくすることができるはずです。これをソルバーで求めます。

　なお、ここまでの作業を行ったサンプルファイルは、「solver1.xlsx」です。

64

図1-28 3年目の積み立て額（B4セル）に「=B3+10000」の式を入力する

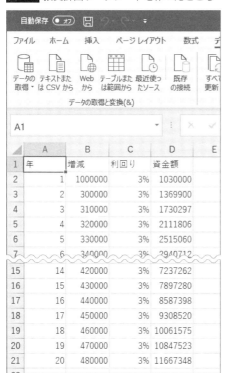

図1-29 投資計画ワークシートを作ったところ

目的セルを決める

それでは、実際にソルバーを使っていきます。

[データ]タブの[ソルバー]ボタンをクリックして、[ソルバーのパラメーター]のダイアログボックスを開きます。

ソルバーでは、「目的セル」「変数セル」「制約条件」を設定して、それに基づいて答えを導き出します。まず、**「目的セル」**を決めます。

目的セルは、**最終的な目的の値を計算するための、ある1つのセル**のことです。ソルバーでは、「目的セルの値をある特定の値にする」「目的セルの値を最小限にする」「目的セルの値を最大限にする」という3つの中から、目的セルの値の決め方を選ぶことができます。

目的セルを指定するには、ソルバーのダイアログボックスの先頭にある[目的セルの設定]の欄をクリックしたあと、ワークシートに切り替えて実際のセルをクリックします。そして、その下の[目標値]の部分で、目的セルの条件を指定します。

いま取り上げている例では、「最終目標は1,000万円」という目標があります。そこで、最終資金額を目的セルとし、その値を1,000万円にするという形にします。最終資金額はD21セルに入っていますので、目標セルはD21セルになります。[目的セルの設定]の欄をクリックしたあと、ワークシートに切り替えて、D21セルをクリックします。また、最終資金額を1,000万円にしたいので、[目標値]の部分で「指定値」をオンにし、その右の欄に「10000000」と入力します。

変数セルを決める

次に**「変数セル」**を決めます。変数セルは、**値を変化させるセル**のことです。ソルバーは、変数セルの値をいろいろと変化させて、目的セルの値が条件に合うように答えを導き出します。

変数セルを設定するには、[変数セルの変更]の欄をクリックし、ワークシートに切り替えて、値を変化させたいセルをクリックして選択します。

66

いま取り上げている例では、2年目の積み立て額を変化させて、最終資金額が1,000万円になるようにしていきます。したがって、変数セルは2年目の積み立て額のセル(B3セル)になります。［変数セルの変更］の欄をクリックしたあと、ワークシートに切り替えて、B3セルをクリックします。これで、［変数セルの変更］の欄に「$B$3」と入力されます。

ソルバーで答えを出す

この例では、制約条件はありません。ソルバーの設定は、ここまでで終わりとなります(図1-30)。

［ソルバーのパラメーター］のダイアログボックスで［解決］ボタンをクリックすると、ソルバーが実行され、答えが導き出されます。無事に答えが出た場合は、「ソルバーによって解が見つかりました」というメッセージが表示されます(図1-31)。

図1-30 ソルバーの設定が終わったところ

図1-31 ソルバーで答えが出た場合の表示

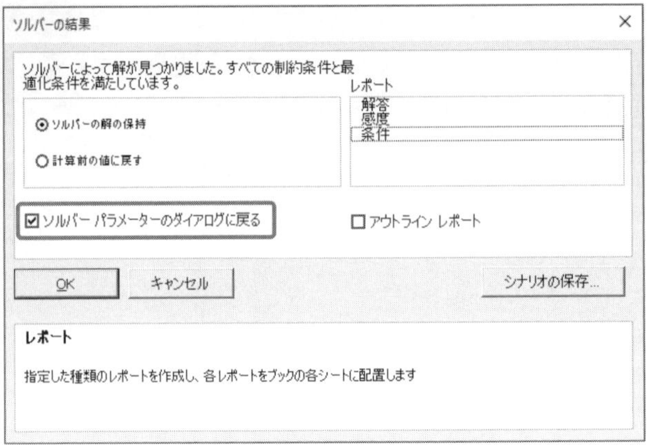

　ここで「ソルバーパラメーターのダイアログに戻る」のチェックをオフにして、[OK] ボタンをクリックします。すると、ワークシートに戻り、結果を見ることができます。

　B3 セルの値が「235549.9」になっていて、2年目の積み立て額を約235,550円にすればよいことがわかります（図1-32）。

図1-32 ソルバーで求めた結果

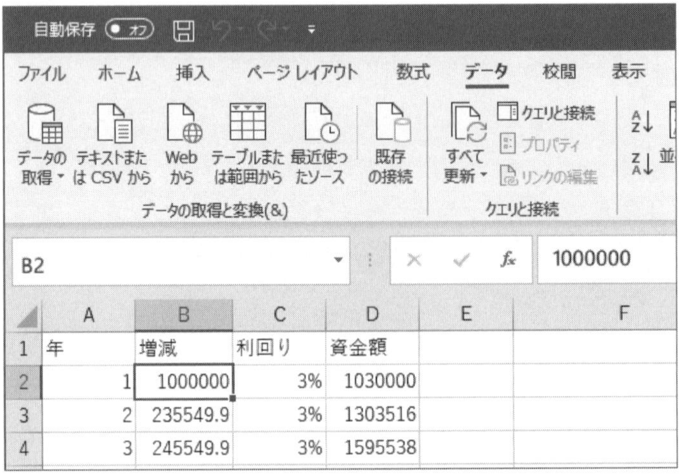

ソルバーの応用例 ⇒ 変数を増やし制約条件をつける

　ここまでで取り上げた例を発展させて、今度は以下のような場合を考えてみます。

❶ 最終目標は1,500万円

❷ 投資期間は20年

❸ 初期投資金額は100万円

❹ 2年目以降は積み立てを行い、積み立て額を毎年増やす

❺ 2年目の積み立て額は30万円以下にしたい

❻ 積み立て額の毎年の増加分は2万円以下にしたい

❼ なるべく無理なく運用するために、年利回りは5%以下にしたい

　今回の例では、2年目の積み立て額だけでなく、積み立て額の毎年の増加分と年利回りも未定です。そして、これら3つの値に上限があります。

　このように、**変化させる値が複数あり、またそれらに制約があるという場合も少なくありません**。ソルバーを使うと、このような場合にも答えを導き出すことができます。

投資計画ワークシートを作る

　まず、p.63の最初の事例と同様に投資計画ワークシートを作ります。ただし、最初の事例とは作り方がやや異なります。

　ソルバーで変数セルを複数使いたい場合は、それらのセルを1つのセル範囲にまとめます。今回の例では、2年目の積み立て額／積み立て額の増加分／年利回りの3つを変化させますので、それらを1カ所にまとめておきます。

　そして、投資計画の計算を行う部分で、実際にそれらの値を使う箇所では、リンク貼り付けなどの機能を使って、まとめておいた場所から値

を入れるようにします。

図1-33は、実際にワークシートを作ってみた例です。

図1-33 3年目の積み立て額を求めるための式を入力する

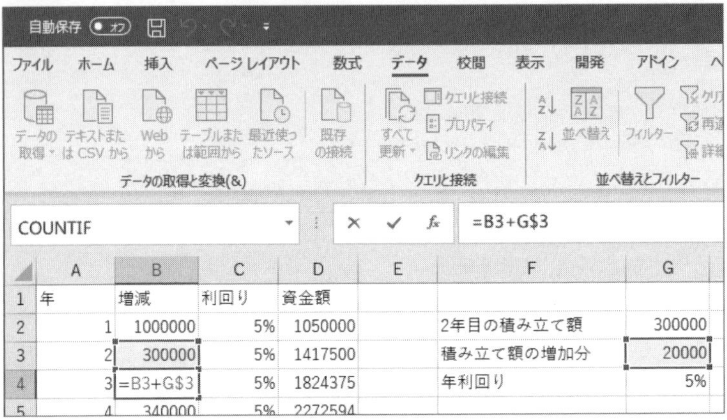

2年目の積み立て額／積み立て額の増加分／年利回りを、G2～G4セルにまとめています。そして、実際の2年目の積み立て額（B3セル）には、G2セルをコピーしてリンク貼り付けするようにしています。また、それぞれの年の年利回り（C2～C21セル）は、G4セルをコピーしてリンク貼り付けしています。

3年目の積み立て額（B4セル）には、2年目の積み立て額（B3セル）に積み立て額の増加分（G3セル）を足した値となるように計算式を入れます。そして、B4セルをコピーして、B5～B21セルに貼り付けるようにします。

このとき、B4セルに「=B3+G3」という式を入力すると、「G3」の「3」が貼り付け先のセルに応じて変化してしまい、正しい計算になりません。B4セルには以下の式を入力します。

```
=B3+G$3
```

このようにすると、「G$3」の「$3」は貼り付け先のセルに関係なく変化しなくなりますので、正しい計算にすることができます（図1-33）。

ここまでの作業を行ったサンプルファイルは、「solver2.xlsx」です。

目的セルの設定

ここで、G2〜G4セル（2年目の積み立て額／積み立て額の増加分／年利回り）のそれぞれに、条件の上限の値を入力してみます。すると、20年後の資金額は約1,711万円になり、目標をクリアしています。

ということは、G2〜G4セルの値を条件より低くしても目標を達成できるということです。そこで、ソルバーを使って答えを導いてみます。

まず、［データ］タブの［ソルバー］ボタンをクリックして、ソルバーのダイアログボックスを開きます。先ほどのソルバーの設定が残っている場合は、［すべてリセット］ボタンをクリックして、ソルバーの設定をリセットします。

次に、**目的セル**を設定します。今回の例では、最終的な金額（D21セル）が1,500万円になるようにしたいので、［目的セルの設定］の欄をクリックしたあと、ワークシートのD21セルをクリックします。また、［目標値］のところで「指定値」をオンにし、その右の欄に「15000000」と入力します。

変数セルの設定

変数セルも設定します。今回の例では、G2〜G4の3つのセルを変化させて答えを導きますので、［変数セルの変更］の欄をクリックしたあと、ワークシートでG2〜G4セルを選択します。

1

投資計画にExcelを活かす

71

制約条件の設定

今回の例では、計画の中にいくつかの条件がありました（→p.69）。これらを**「制約条件」**として設定します。ソルバーでは、複数の制約条件を設定して、その範囲内で答えを導くことができます。

まず、**「2年目の積み立て額は30万円以下」**という制約条件を設定します。［制約条件の対象］の欄の右にある［追加］ボタンをクリックすると、条件を設定するためのダイアログボックスが開きます。3つの欄がありますので、それらを順に設定します。

左端の［セル参照］の欄で、条件の対象になるセルを指定します。2年目の積み立て額はG2セルに入力しましたので、［セル参照］の欄をクリックしたあと、ワークシートのG2セルをクリックします。

中央の欄では、条件を表す記号を選びます。今回の例だと、G2セルの値を30万円以下にしたいので、記号の中から「<=」を選びます。そして、右端の［制約条件］の欄に「300000」と入力します（図1-34）。

図1-34　「2年目の積み立て額（G2セル）は30万円以下」という制約条件を設定する

ここまでで、1つ目の制約条件を入力し終わりました。あと2つ条件がありますので、［追加］ボタンをクリックします。すると、制約条件を再度追加する状態になります。

2つ目の条件は、**「積み立て額の増加分は2万円以下」**というものです。積み立て額の増加分はG3セルに入力していますので、以下の手順で制約条件を設定することができます。

❶ [セル参照]の欄をクリックしたあと、ワークシートのG3セルをクリックします。
❷ 中央の欄で「<=」を選びます。
❸ [制約条件]の欄に「20000」を入力します。
❹ [追加]ボタンをクリックします。

そして、3つ目の**「年利回りは5%以下」**の条件も設定します。年利回りはG4セルに入力していますので、以下の手順で制約条件を設定することができます。この条件で終わりなので、設定を終えたら[OK]ボタンをクリックします（手順の❹）。

❶ [セル参照]の欄をクリックしたあと、ワークシートのG4セルをクリックします。
❷ 中央の欄で「<=」を選びます。
❸ [制約条件]の欄に「5%」を入力します。
❹ [OK]ボタンをクリックします。

制約条件の設定を終えると、ソルバーのダイアログボックスに戻ります。そして、[制約条件の対象]の部分に、設定した条件が一覧表示されます（図1-35）。

図1-35 制約条件の設定が終わった状態

ソルバーの実行

ここまででソルバーの設定は終わりなので、[解決]ボタンをクリックしてソルバーを実行します。[ソルバーの結果]ダイアログボックスが開きますので、「ソルバーパラメーターのダイアログに戻る」のチェックをオフにして[OK]ボタンをクリックし、ワークシートに戻って結果を確認します。

G2〜G4セルに、3つの条件の値が求められ、以下のようにすればよいことがわかります（図1-36）。

- 2年目の積み立て額（G2セル）⇒ 269,116円
- 積み立て額の増加分 ⇒ 18,963円
- 年利回り ⇒ 4.49%

図1-36 ソルバーで結果を導いたところ

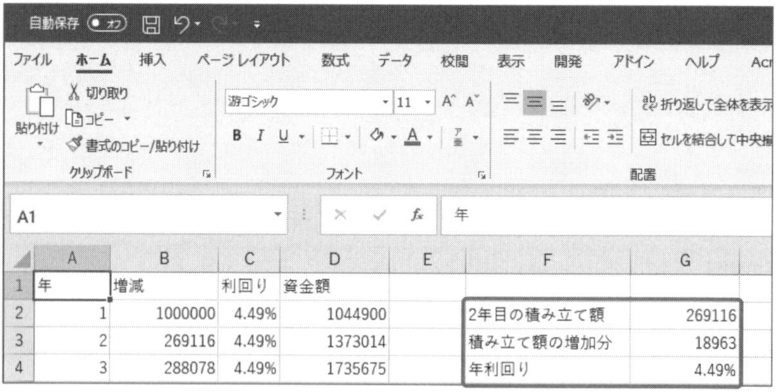

なお、ワークシートの各セルの値は、[ホーム]タブの[小数点以下の表示桁数を増やす（減らす）]ボタンで、小数点以下の表示を調節しました。

このように、**目標を達成するための計画を立てる際に、ソルバーは非常に役に立ちます。**

＋ Chapter 1 ＋

投資計画と一緒に人生計画も立てる

計画的な投資を考える大きな動機として、「今後の人生をどうしたいか」という点があります。ここでは、投資計画と一緒にライフプランも立てることを取り上げます。

◢ ライフイベント表とキャッシュフロー表

　生きていく上で、お金に関することを考える場面は多くあります。また、お金のことはさまざまな分野に関係してきます。そのため、個人のお金についてプランを考える「**ファイナンシャル・プランニング**」という考え方が、日本でも取り入れられるようになってきました。

　ファイナンシャル・プランニングの基本的なツールとして、「**ライフイベント表**」と「**キャッシュフロー表**」があります。人生の計画を考える際には、これら2つの表が重要になります。

　ライフイベント表は、今後の人生の中で起こると予想される出来事（ライフイベント）を表にまとめたものです。結婚・出産・進学や、家や車の購入など、大きなお金が動くことを中心に、表に書いていきます。

　一方のキャッシュフロー表は、毎年のお金の動きを表にまとめたものです。**収入と支出を元に、資産額の推移を求めることができます。**

　支出は、一般的な生活費／住宅費（ローン返済や家賃）／教育費／保険料／一時的な支出（旅行や自動車購入）などの大まかな項目に分けることができます。資産額は、運用を加味して計算することができます。

　また、ライフイベント表とキャッシュフロー表は相互に関連していますので、1つの表にまとめます（図1-37）。

　ライフイベント表とキャッシュフロー表を作ることで、将来の計画をある程度明確にすることができます。

図1-37 ライフイベント表とキャッシュフロー表の例

年	ライフイベント					年齢				収入		支出						収支	資産額
	家族	自分	妻	子A	子B	自分	妻	子A	子B	自分	妻	生活費	住宅費	教育費	保険料	一時的な支出	その他		
2019						40	38	10	8	400	100	200	150	30	30	0	60	30	500
2020						41	39	11	9	400	100	200	150	30	30	0	60	30	546
2021						42	40	12	10	400	100	200	150	30	30	0	60	30	593
2022		昇進		中学入学		43	41	13	11	450	100	200	150	65	30	0	60	45	657
2023	旅行					44	42	14	12	450	100	200	150	65	30	30	60	15	692
2024			再就職		中学入学	45	43	15	13	450	250	200	150	100	30	0	60	160	878
2025				高校入学		46	44	16	14	450	250	200	150	100	30	0	60	160	1069
2026						47	45	17	15	450	250	200	150	100	30	0	60	160	1266
2027					高校入学	48	46	18	16	450	250	200	150	100	30	0	60	160	1469
2028				大学入学		49	47	19	17	450	250	200	150	150	30	0	60	110	1626
2029						50	48	20	18	450	250	200	150	150	30	0	60	110	1788
2030					大学入学	51	49	21	19	450	250	200	150	200	30	0	60	60	1904

ライフイベント表／キャッシュフロー表の作成手順

それでは、ライフイベント表とキャッシュフロー表を作る具体的な手順を解説していきます。

これから作るライフイベント表／キャッシュフロー表のサンプルファイルは、「cashflow1.xlsx」です。

外枠を入力する

まず、ライフイベント表とキャッシュフロー表の外枠を入力します。

1行目と2行目では、**家族個々のライフイベントや年齢、収入と支出**などの項目を入力します。

ワークシート左端のA列には、西暦の年を入力します。現在の年と、プランを立てたい年を入力します。たとえば、2019年の実績を元にして2020年から2030年のライフイベント表を作るなら、2019年〜2030年までを入力します。

次ページの図1-38は、夫婦と子供2人の家庭を例に、2019年〜2030

年のライフイベント表とキャッシュフロー表の外枠を入力した例です。

図1-38 ライフイベント表とキャッシュフロー表の外枠を入力したところ

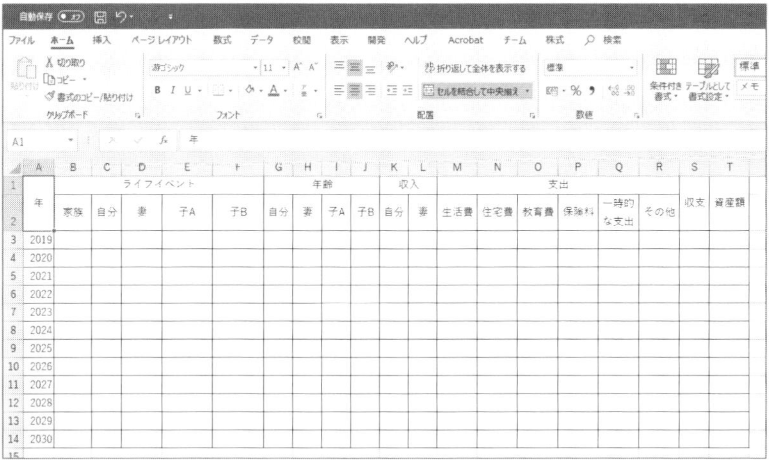

家族のライフイベントと年齢を入力する

　家族の年齢の部分には、それぞれの家族の年齢を入力します。また、ライフイベントの部分には、**家族全体や家族個々についてのライフイベント**を入力します。

　子供の進学などの確定しているライフイベントはもちろんのこと、現時点で未定のライフイベントも入れていきます。

　次ページの図1-39は、実際にライフイベントを入力してみた例です。たとえば、子供は満13歳の年に中学校に入学しますので、子A／子Bが13歳になる年に「中学入学」と入力しています。

　また、自分の2022年の「昇進」や妻の2024年の「再就職」は、まだ確定していないことですが、このようなことも入れておいてかまいません。

図1-39 ライフイベントを入力してみた例

年	ライフイベント					年齢				収入		支出						収支	資産額
	家族	自分	妻	子A	子B	自分	妻	子A	子B	自分	妻	生活費	住宅費	教育費	保険料	一時的な支出	その他		
2019						40	38	10	8										
2020						41	39	11	9										
2021						42	40	12	10										
2022		昇進		中学入学		43	41	13	11										
2023	旅行					44	42	14	12										
2024			再就職		中学入学	45	43	15	13										
2025				高校入学		46	44	16	14										
2026						47	45	17	15										
2027					高校入学	48	46	18	16										
2028				大学入学		49	47	19	17										
2029						50	48	20	18										
2030					大学入学	51	49	21	19										

収入と支出を見積もって入力する

次に、**収入と支出の現在の実績を元に、今後の予想値を見積もって**、万円単位で入力していきます。たとえば、100万円であればセルに「100」と入力します。

収入は手取りで入力します。また、収入を得られる人が家族に複数いる場合（自分と妻など）は、それぞれの収入を分けて入力します。

支出はだいたいの項目に分けて入力します。家計簿をつけていれば実際に近い額を入力することができますが、そこまでしていない人は大まかな額を入力します。

また、支出の最後には「その他」という項目を入れます。これは、生活費や住宅費などの大きな項目には入らないような額のための項目です。

その他の支出は、はっきりとした額が出しにくいように思えます。しかし、現在の実績から以下のように見積もることができます。

その他の支出＝
　現在の収入−現在の各種の支出−預貯金や投資に回した額

　現在の実績で考えてみて、**収入から、各種の支出と預貯金や投資に回した額を引くと、0にならない**はずです。その差額は何かに使ったお金なので、その他の支出にあたります。

　図1-40は、収入と支出を入力してみた例です。次ページの表1-1のように見積もって入力しています。

図1-40 収入と支出の各項目を入力した例

年	ライフイベント					年齢				収入		支出						収支	資産額
	家族	自分	妻	子A	子B	自分	妻	子A	子B	自分	妻	生活費	住宅費	教育費	保険料	一時的な支出	その他		
2019						40	38	10	8	400	100	200	150	30	30	0	60		
2020						41	39	11	9	400	100	200	150	30	30	0	60		
2021						42	40	12	10	400	100	200	150	30	30	0	60		
2022		昇進		中学入学		43	41	13	11	450	100	200	150	65	30	0	60		
2023	旅行					44	42	14	12	450	100	200	150	65	30	30	60		
2024			再就職		中学入学	45	43	15	13	450	250	200	150	100	30	0	60		
2025				高校入学		46	44	16	14	450	250	200	150	100	30	0	60		
2026						47	45	17	15	450	250	200	150	100	30	0	60		
2027					高校入学	48	46	18	16	450	250	200	150	100	30	0	60		
2028				大学入学		49	47	19	17	450	250	200	150	150	30	0	60		
2029						50	48	20	18	450	250	200	150	150	30	0	60		
2030					大学入学	51	49	21	19	450	250	200	150	200	30	0	60		

表1-1 収入と支出の各項目の見積もり

収入	自分	現在は400万円 昇進で450万円に上がると予想
	妻	現在はパートで100万円 再就職後は250万円に上がると予想
支出	生活費	200万円
	住宅費	150万円
	教育費	小学生の間は1人15万円 中学生～高校生の間は1人50万円と予想 大学生の間は1人100万円と予想
	保険料	30万円
	その他	60万円
	一時的な支出	旅行で30万円

収支を計算する

　収入と支出の見積もりができたら、それらから**収支**を求めます。収入の合計から支出の合計を引けばよいので、それをExcelの数式で表します。合計はSUM関数で出すことができますので、収支のセルには以下のような式を入力します。

```
=SUM(収入のセル範囲)-SUM(支出のセル範囲)
```

　図1-40の場合で、2019年の収支(S3セル)を求めてみます。収入／支出は、それぞれK3～L3セル／M3～R3セルに入力していますので、S3セルに以下の式を入力すれば収支を求めることができます(図1-41)。

```
=SUM(K3:L3)-SUM(M3:R3)
```

　そして、式を入力したセルをコピーして、残りの年の収支のセルに貼り付けます。次ページの図1-41の場合だと、S3セルをコピーして、S4

〜S14セルに貼り付けます。

図1-41 収支を求めるための式を入力する

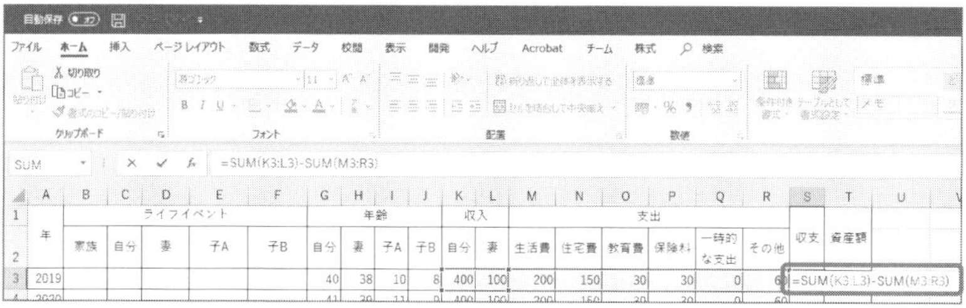

資産額を計算する

　最後に、現在の資産額と今後の収支から、**それぞれの年の資産額**を計算します。

　計算の考え方は、積み立てで投資を行っていく場合と同じです。収入から支出を引いた差額が積み立てに回ると考えて、以下のように計算します。

ある年の資産額＝(前年の資産額＋その年の収支)×(1＋利回り)

　まず、実績の年の行で、資産額のセルに現時点での資産額を入力します。たとえば、p.79の図1-40の場合だと、2019年の資産額(T3セル)に現在の資産額を入力します。

　次に、今後の資産額のセルに、上記の式をExcelの書き方で表したものを入力します。図1-40で2020年の資産額(T4セル)を求める場合だと、前年の資産額はT3セルに入力しました。また、収支はS4セルに求めています。

　利回りを仮に年3%とすると、T4セルに以下のような式を入力すればよいことになります。

```
=(T3+S4)*(1+3%)
```

そして、式を入力したセルをコピーし、残りの年の資産額のセルに貼り付けます。図1-40では、T4セルをコピーして、T5～T14セルに貼り付けます。

また、計算結果には小数点以下が含まれますが、そこまで細かい数字は必要ありませんので、［ホーム］タブの［小数点以下の表示桁数を減らす］ボタンをクリックして、小数点以下を表示しないようにしておくとよいでしょう。

ここまでで、ライフイベント表とキャッシュフロー表の作成は終わりです。p.76の図1-37は、実際に作業を行った結果です。2019年時点の資産額（T3セル）を500万円としています。

▲ キャッシュフロー表とソルバーを組み合わせる

前の節でソルバーを紹介しました。ソルバーはさまざまな問題を解く際に使うことができますが、**キャッシュフロー表と組み合わせて、今後の目標を立てる**のに使うこともできます。

■ 取り上げる例

キャッシュフロー表とソルバーを組み合わせる例として、これまでに作ったキャッシュフロー表を使います。

2028年（子Aが大学に進学する年）の資産額が1,626万円になっていますが（➡p.76）、これを2,000万円にしたいとします。そのための策として、以下の2つを行うものとします。

❶ 生活費を削る。ただし、削る幅は10％以下に抑える
❷ 妻がより高収入な仕事に就くと仮定する。ただし、収入は300万円以下になると想定する

変数セルを準備する

まず、ソルバーの**変数セル**を指定するために、変化させたい値をワークシートの1つのセル範囲にまとめて入力します。

いま取り上げている例では、生活費と妻の再就職後の収入の2つを変化させます。そこで、これらの2つの値を1つのセル範囲にまとめます。ここでは、生活費／妻の再就職後の収入を、それぞれW1セル／W2セルに入力することにします（図1-42）。

図1-42 生活費と妻の収入をW1〜W2セルに入力する

また、キャッシュフロー表の中で、生活費と妻の再就職後の収入を、W1／W2セルの値に連動させて変えるようにします。生活費は以下の手順で作業します。

❶ W1セルをコピーします。
❷ 2020年以降の生活費のセル範囲（M4〜M14セル）を選択します。
❸ ［ホーム］タブの［貼り付け］ボタンの「貼り付け」の文字のあたりをクリックします。
❹ 貼り付け方法のアイコンが表示されますので、［その他の貼り付けオプション］の左から2つ目の［リンク貼り付け］（鎖の絵のアイコン）をクリックします。

同様に、W2セルをコピーしたあと、妻の再就職後の収入（L8〜L14セル）にリンク貼り付けします。

ここまでの作業を行ったサンプルファイルは、「cashflow2.xlsx」です。

目的セルと変数セルの設定

次に、[データ]タブの[ソルバー]をクリックしてソルバーを起動し、設定していきます。まず、**目的セル**と**変数セル**を設定します。

今回の目標は、2028年の資産額を2,000万円にすることです。2028年の資産額はT12セルに求められていますので、このセルが目的セルになります。

[目的セルの設定]の欄をクリックしたあと、ワークシートに切り替えてT12セルをクリックします。そして、その下の[目標値]の部分で「指定値」をオンにし、その右の欄に「2000」と入力します(図1-43)。

また、目標を達成するために、W1セルとW2セルを変化させますので、これらが変数セルにあたります。[変数セルの変更]の欄をクリックしたあと、ワークシートに切り替えて、W1セルとW2セルを選択します。

図1-43 目的セルと変数セルの設定

制約条件の設定

次に、制約条件を設定します。

まず、1つ目の**「生活費を削るが10%以下に抑える」**という条件を設定します。現状の生活費は200万円ですので、そこから10%削ると180万円になります。したがって、「生活費が180万円以上」という条件を設定します。

ソルバーの［制約条件の対象］の欄の右にある［追加］ボタンをクリックして、［制約条件の追加］ダイアログボックスを開きます。W1セルの生活費を変化させますので、［セル参照］の欄をクリックしたあと、ワークシートのW1セルをクリックします。その右の欄では「>=」を選び、右端の［制約条件］の欄に「180」と入力します（図1-44）。

図1-44 「生活費が180万円以上」の条件を設定

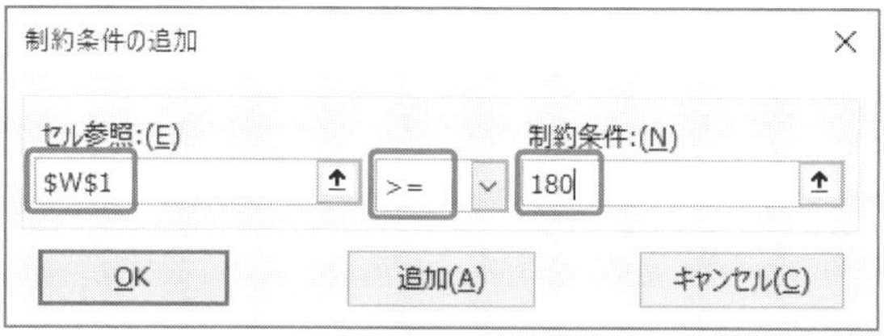

制約条件の追加 ×

セル参照:(E)　　　　　　　　　　　　　制約条件:(N)

$W$1　　　↑　　>=　　∨　　180

OK　　　　追加(A)　　　　キャンセル(C)

　次に、**「妻の収入が300万円以下」**という条件も設定します。図1-44で［追加］ボタンをクリックすると、新しい条件を入力する状態になりますので、以下のように入力します（図1-45）。

❶ ［セル参照］の欄をクリックし、ワークシートに切り替えて、W2セルをクリックします。
❷ 中央の欄で「<=」を選びます。
❸ 右端の［制約条件］の欄に「300」と入力します。
❹ ［OK］ボタンをクリックします。

図1-45 「妻の収入が300万円以下」の条件を設定

ここまででソルバーの設定は終わりで、ソルバーのダイアログボックスは図1-46のようになります。

図1-46 ソルバーの設定が終わったところ

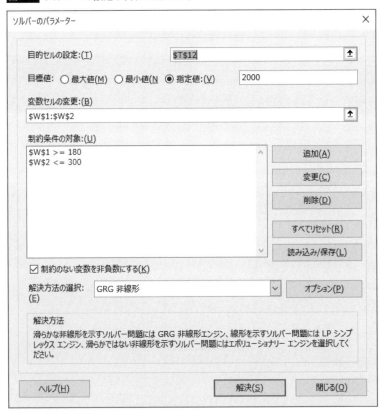

ソルバーを実行して結果を見る

ソルバーのダイアログボックスで[解決]ボタンをクリックし、ソルバーを実行して答えを導きます。[ソルバーの結果]ダイアログボックスが開いて「ソルバーによって解が見つかりました」と表示されますので、「ソルバーパラメーターのダイアログに戻る」のチェックをオフにして、[OK]ボタンをクリックします。

結果を見てみると、生活費を約190万円に下げ、妻の収入が300万円になれば、2028年の資産額を2,000万円にすることができます(図1-47)。簡単とはいえませんが、可能性はあるといえそうです。

このように、**キャッシュフロー表とソルバーを組み合わせることで、大きな視点からプランの設計を考えることができます。**

図1-47 ソルバーで答えを導いたところ

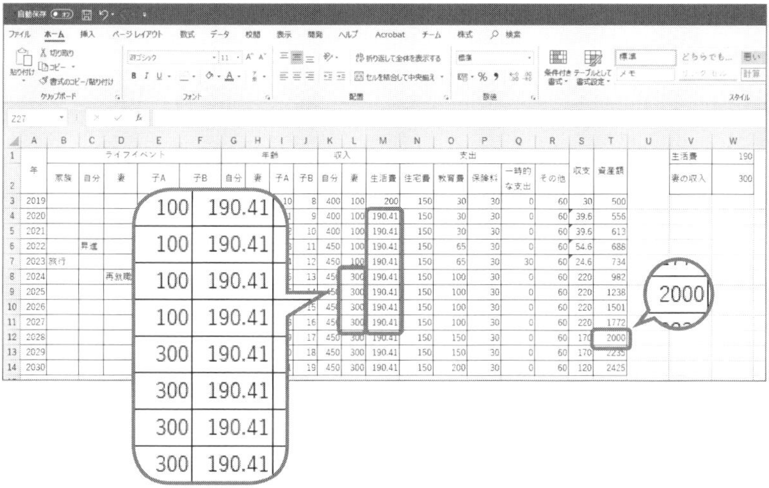

第 **2** 章

テクニカル分析に Excel を活かす

株を売買するタイミングを考える際には、株価の動きや、株価から計算した指標の動きを図示した株価チャートを使って、テクニカル分析を行います。第2章では、拙作の株式投資アドインを使って、株価やテクニカル指標のチャートを作ることについて解説します。

✛ **Chapter 2** ✛

なぜExcelで作るのか

Excelでチャートを作成する手順を解説する前に、Excelでチャートを作るメリットや、注意すべき点をまとめておきます。

◤ 自由度の高いチャート作成

　株の売買のタイミングを考える上で、「**テクニカル分析**」は欠かすことができません。テクニカル分析は、株価の動きを図にした「**株価チャート**」や、株価や出来高から計算した「**テクニカル指標**」を元にして、今後の株価の動きを予想し、売買タイミングの判断に活かそうという考え方です（図2-1）。

　テクニカル分析は株価チャートを元にして行いますので、株価チャートは必須の存在です。

　インターネット上の投資情報サイトや、ネット証券の投資情報サービスなどでも、株価チャートやさまざまなテクニカル指標を表示することができます。そういったものをお使いの方も多いでしょう。また、「既存のサービスでチャートを表示できるから、Excelを使っても仕方がない」と思う方もいらっしゃることでしょう。

　確かに、基本的なテクニカル分析であれば、ネットで得られるチャートでも行うことができます。しかし、**自分好みに細かくカスタマイズしようとすると、かゆいところに手が届かないことも少なくありません。**

　また、ネットで得られるチャートでは、「**そのチャートに従って売買したとして、これまでにどの程度の利益を得ることができたのか**」ということを調べることができません。

　Excelを使えば、これらの点を改善することができます。Excelの仕様が許す限りであれば、柔軟なチャートを作ることが可能です。また、あとの章で解説しますが、**チャートに沿って売買したとして、過去にどのような結果が出たかを知ることもできます。**

90

図2-1 テクニカル指標が入った株価チャートの例

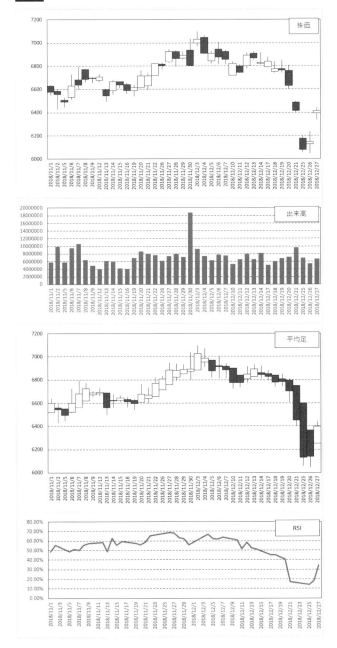

2 テクニカル分析にExcelを活かす

91

株価データの入手と注意事項

Excelでテクニカル分析を行うには、その元となる**株価データ**を入手(ダウンロード)することから始めます。

入手方法はいくつかあり、無料から有料までさまざまです。ただ、入手方法によってデータの使い勝手に違いがありますので、その点を考慮することが必要です。以下のような点に注意します。

株式分割／併合への対応

銘柄によっては、**「株式分割」**を行うことがあります。株式分割とは、1株を2株に分けるなどして株数を増やし、その代わりに株価を下げることです。

たとえば、1株が1,000円の銘柄があるとします。そして、その銘柄が1対2の株式分割を行うとします。この場合、1株が2株に増えますが、株価は半分の500円になり、**株式分割の前後でその株の価値は変化しません**(図2-2)。1,000円札1枚を500円玉2枚に両替するのと同じようなことだと考えるとよいでしょう。

図2-2 株式分割の考え方

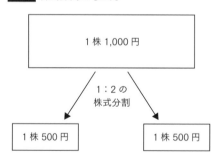

本書執筆時点では、日本の株式投資は100株単位で売買することになっています。株価が上がりすぎた銘柄では、100株買うのに必要な金額が多くなりすぎ、売買できる投資家が限られてしまいます。そのような銘柄では、株式分割を行って株価を下げ、個人投資家でも投資しやすくすることがあります。

　また、株式分割とは逆に、複数の株を1株にまとめる**「株式併合」**が行われることもあります。たとえば、株価が100円だった銘柄があったとします。その銘柄で10株を1株に併合したとします。この場合、株数は10分の1に減りますが、株価は10倍の1,000円になります。

　株式分割や株式併合があると、その前後で株価が不連続になるため、そのままの状態でテクニカル分析を行うと、正しくない結果になってしまいます。そこで、株式分割や併合を考慮して株価を調整したあとでテクニカル分析を行う必要があります。

　データの入手元によっては、株式分割や株式併合に関する情報が含まれていない場合があります。そのようなデータだと、株式分割／併合の前後で正しいテクニカル分析を行うことができません。

◢ テクニカル指標の計算

　テクニカル分析を行う際には、**株価や出来高を元にして計算した指標（テクニカル指標）**を使います。

　Excelにはさまざまな計算機能がありますので、自力で計算式を入力して、テクニカル指標を求めることもできます。ただ、単純な計算式では済まないことが多く、自分で式を入力するのは大変です。

　そこで、本書特典の株式投資アドインでは、テクニカル指標を求めるための関数を追加しています。また、関数の入力を自動化する機能もあります。これらの機能を使うことで、Excelによるテクニカル分析を比較的スムーズに行うことができます。

利用できる指標は、表2-1のとおりです。

表2-1にある「RROC」は、筆者が考えたテクニカル指標で、他のテクニカル分析ソフトなどにはないものです。RROCの見方や使い方については、p.157で解説します。

表2-1 株式投資アドインで利用できるテクニカル指標

系統	指標
トレンド系	移動平均線（単純移動平均、加重移動平均、指数平滑移動平均）、ボリンジャーバンド、一目均衡表、平均足
オシレータ系	乖離率、RSI、RCI、MACD、RROC
出来高系	ボリュームレシオ

なお、株式投資アドインのダウンロードやインストール方法は、p.15を参照してください。

Chapter 2

株価データを入手する

Excelで株価チャートを作るには、その元となるデータを入手することから始めます。

2

テクニカル分析にExcelを活かす

◢ 「株式投資メモ」からダウンロードする

無料で株価データをダウンロードできるサイトの中で、比較的便利なところとして、**「株式投資メモ」**があります。

▌株式投資メモの概要

株式投資メモのアドレスは以下のとおりです。1983年以降の日足のデータを、CSV形式でダウンロードすることができます。

https://kabuoji3.com/stock/

ただし、無料なだけに最低限の機能しか用意されていません。まず、CSVファイルは1年ごとに分かれていますので、長期間のデータをダウンロードする場合は、それぞれの年のデータをダウンロードしたあと、ExcelでそれぞれのCSVファイルを開いて、コピー＆ペーストして1つのファイルにまとめることが必要です。

▌ダウンロードの手順

ダウンロードの手順は以下のとおりです。

❶ 株式投資メモのサイトにアクセスします。
❷ ページ先頭の方に［銘柄コード、銘柄名検索］の入力欄がありますの

95

で、データを得たい銘柄の証券コードか名前を入力して、[銘柄検索]ボタンをクリックします（図2-3）。
❸ 見つかった銘柄が一覧表示されますので、データを得たい銘柄をクリックします。

図2-3 銘柄の証券コードか名前を入力して検索する

❹ 年の一覧と、直近300日の株価が表示されます（図2-4）。
❺ データを得たい年をクリックします。
❻ 次に表示されるページで、[CSVデータダウンロードページへ]のボタンをクリックします。
❼ さらに次のページで、[CSVダウンロード]のボタンをクリックして、ファイル名を付けてダウンロードします。

図2-4 年の一覧と直近300日の株価が表示される

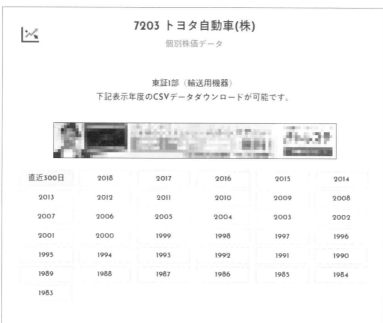

▲ Yahoo!ファイナンス(VIP倶楽部)からダウンロードする

　Yahoo!ファイナンスでは、株式をはじめとして投資関係のさまざまな情報を扱っています。その有料サービスである「VIP倶楽部」から、株価データをダウンロードすることができます。

VIP倶楽部の概要

　VIP倶楽部は、Yahoo!ファイナンスのオプションのサービスです。無料のYahoo!ファイナンスでも多くの情報を得ることができますが、VIP倶楽部の会員になると、さらに以下のような情報を得ることができます。

- リアルタイムの株価 (無料版だと20分遅れ)
- 板 (売買注文の状況)
- プロ向けニュース
- 1983年以降の各銘柄の株価のダウンロード

「株式投資メモ」だと、1年ごとにファイルが分かれていました。しかし、VIP倶楽部であれば1983年以降のデータを一括でダウンロードできますので手間が省けます。

VIP倶楽部への入会

VIP倶楽部は有料サービスですので（月額1,980円＋消費税）、利用するにはまず入会する必要があります。入会の手続きは以下のページで行えます。

> https://info.finance.yahoo.co.jp/vip/pr/

株価データのダウンロード

VIP倶楽部に入会したあとで、Yahoo! JAPAN IDでYahoo!にログインすると、株価をダウンロードすることができます。手順は以下のとおりです。

❶ Yahoo!ファイナンスのトップページにアクセスします（https://finance.yahoo.co.jp/）。

❷ ページ左上の入力欄に、ダウンロードしたい銘柄の名前や証券コードを入力して、[株価検索]ボタンをクリックします。

❸ 銘柄の情報が表示されます。銘柄名の下あたりに[詳細情報][チャート][時系列]……とメニューが横一列に表示されますので、[時系列]をクリックします（図2-5）。

❹ 最近20日間の株価データが表示され、その上下に[時系列データをダウンロード(CSV)]というボタンが表示されますので、ボタンをクリックして、ファイル名を付けてダウンロードします。

図2-5 「時系列」をクリックする

©Yahoo! ファイナンス

▲ HYPER SBIからダウンロードする

SBI証券(https://www.sbisec.co.jp/)は、株式の売買や各種の分析を行うためのソフトとして、「**HYPER SBI**」を提供しています。有料ですが(月額540円、税込み)、いくつかの無料利用条件があり、それを満たしている間は無料で利用することができます。

HYPER SBIにはチャート関係の機能もあり、過去の株価をダウンロードすることができます。ダウンロードできる株価データの期間は銘柄によって異なりますが、過去10〜20年程度です。

ダウンロードの手順は以下のとおりです。

❶ 画面上端のメニュー部分で、[銘柄コード]の欄にダウンロードしたい銘柄の証券コードを入力し、その右にある[チャート]ボタンをクリックします(図2-6)。
❷ チャートの画面が開きますので、その右上の方にある[時系列]のボタンをクリックします(図2-7)。
❸ 時系列の株価データの画面が開きます。

❹ 画面左上の方で「日足」のチェックをオンにします（図2-8）。
❺ その右の日付の部分で、ダウンロードする日付の範囲を指定します。
❻ 上端中央付近の「修正」のチェックをオンにします。
❼ ［検索］ボタンをクリックします。
❽ ［CSV出力］ボタンをクリックします。
❾ ファイル名を指定する画面が開きますので、名前を付けて保存します。

図2-6 コードを入力して［チャート］ボタンをクリックする

図2-7 ［時系列］のボタンをクリックする

図2-8 株価を検索してCSV出力を行う

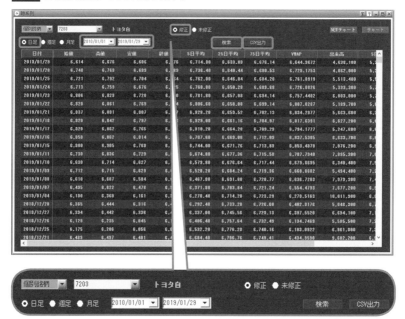

＋ **Chapter 2** ＋

日足データの変換と、週足／月足データの作成

株価のデータをダウンロードしたら、それを株式投資アドインで利用できる
形に変換したり、週足／月足のデータを作成したりします。

日足データの変換

ダウンロードした日足のデータは、そのままの形では株式投資アドイ
ンで使うことができません。**アドインで使える形に変換**します。

株式投資メモ／VIP倶楽部からダウンロードした場合

株価のデータを、株式投資メモか、Yahoo! ファイナンスのVIP倶楽部
からダウンロードした場合は、以下の手順で日足データを変換します。

❶ Excelを起動し、ダウンロードした株価データのCSVファイルを開
きます。

❷ 株式投資メモからダウンロードした場合は、ワークシートの1行目
に銘柄名などの情報が入っています。この行を削除して、1行目に
「始値」「高値」などの項目名が並ぶようにします。

❸ [株式] タブの [データ] 部分にある [データ変換] → [一般] をクリッ
クします。

❹ 新しいファイルが作られ、そこに変換後のデータが入ります。この
ファイルを保存します。

変換後のデータでは、表の1行目が項目名（「始値」「高値」など）にな
り、6行目以降にデータが入った形になります。2行目～5行目は空欄
になります。また、I1～J2セルには、「パラメータ名」などが入力され
た状態になります（図2-9）。

102

2～5行目の空欄の部分と、「パラメータ名」などの部分は、移動平均などのテクニカル指標を計算する際に使います。**削除するとアドインが正しく動作しなくなりますので、削除しないでください。**

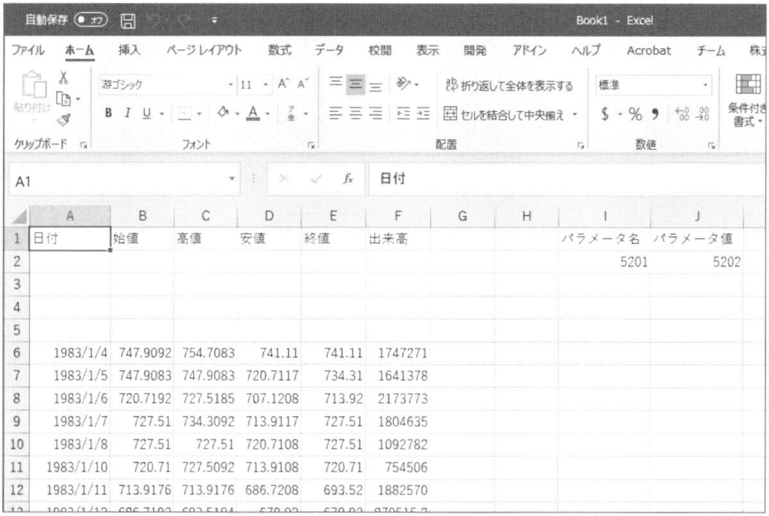

	A	B	C	D	E	F	G	H	I	J
1	日付	始値	高値	安値	終値	出来高			パラメータ名	パラメータ値
2									5201	5202
3										
4										
5										
6	1983/1/4	747.9092	754.7083	741.11	741.11	1747271				
7	1983/1/5	747.9083	747.9083	720.7117	734.31	1641378				
8	1983/1/6	720.7192	727.5185	707.1208	713.92	2173773				
9	1983/1/7	727.51	734.3092	713.9117	727.51	1804635				
10	1983/1/8	727.51	727.51	720.7108	727.51	1092782				
11	1983/1/10	720.71	727.5092	713.9108	720.71	754506				
12	1983/1/11	713.9176	713.9176	686.7208	693.52	1882570				

図2-9 変換後の日足データ

HYPER SBIからダウンロードした場合

HYPER SBIから株価のデータをダウンロードした場合は、以下の手順でデータを変換します。

❶ Excelを起動し、ダウンロードした株価データのCSVファイルを開きます。
❷ [株式]タブの[データ]部分にある[データ変換]→[HYPER SBI]をクリックします。
❸ 新しいファイルが作られ、そこに変換後のデータが入ります。このファイルを保存します。

変換後のデータの形は、株式投資メモ／VIP倶楽部のデータを変換したときと同じになります（図2-9）。

その他のダウンロード元を利用した場合

株式投資メモ／VIP倶楽部／HYPER SBI以外のダウンロード元から株価データを得た場合も、それを株式投資アドインで使うことができます。その場合は、以下の手順で手動でデータを作成します。

❶ Excelを起動します。

❷ データの入力先のワークシートで、左下のシート名の中をダブルクリックしてワークシート名を変える状態にし、「日足」という名前を付けます。

❸ ワークシートの1行目には、A列から順に「日付」「始値」「高値」「安値」「終値」「出来高」と入力します。

❹ 2行目から5行目は空白のままにしておきます。

❺ 6行目以降に日付／株価／出来高のデータを入れます。なお、日付は「2019/11/20」のように、Excelの日付の形式にします。

❻ I1セルに「パラメータ名」、J1セルに「パラメータ値」、I2セルに「5201」、J2セルに「5202」と入力します。

❼ 作ったファイルを保存します。

なお、ダウンロード元によっては、日付の形式が「20191120」のように8桁の数字になっていて、年月日が「/」で区切られていない場合があります。そのときは、以下の手順でExcelの日付の形式に変換します。

❶ B列に空の列を挿入します。
❷ B6セルに以下の式を入力します（図2-10）。

```
=DATE(LEFT(A6,4),MID(A6,5,2),RIGHT(A6,2))
```

❸ B6セルをコピーして、B列の残りのセル（株価データが入っている範囲のセル）に貼り付けます。
❹ B6セルからB列の最後のセルまでを選択し、コピーします。
❺ A6セルをクリックします。
❻ ［ホーム］タブ左端の「貼り付け」の文字のあたりをクリックし、［値の貼り付け］部分の左から2番目のボタン（［値と数値の書式］）をクリックします（図2-11）。
❼ B列を削除します。
❽ ここまでの作業が終わったら、ファイルを保存します。なお、作業元のファイルがCSV形式だった場合は、Excelの［ファイル］→［名前を付けて保存］のメニューを選び、Excelの形式にして保存し直します。

図2-10 B6セルに式を入力

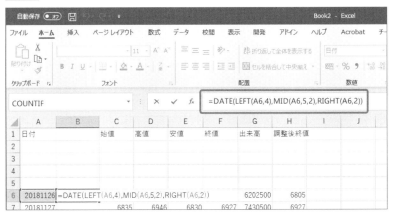

図2-11 [値と数値の書式] ボタンをクリックする

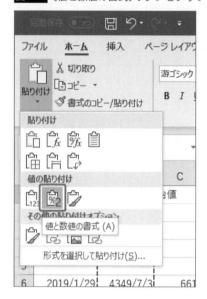

▲ 週足／月足データの作成

週足や**月足**を使ってテクニカル分析を行うこともあります。そこで、日足のデータを元にして、週足や月足のデータを作成することもできます。

日足から週足を作成する場合は、以下の手順を取ります。

❶ 変換後の日足データが入ったファイルを開きます。
❷ [株式] タブの [データ] 部分にある [週足作成] ボタンをクリックします。

また、月足を作成する場合は、上の手順で [月足作成] ボタンをクリックします。

週足や月足を作成するには、ある程度時間がかかり、作成中には進行状況が表示されるようになっています（図2-12）。

図2-12 週足作成の進行状況の表示

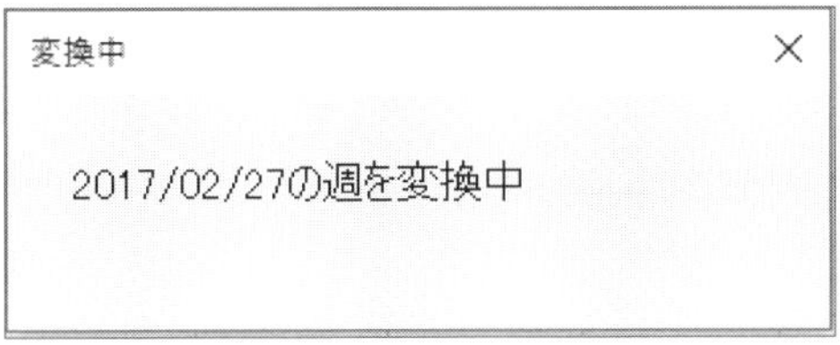

変換中　　　　　　　　　　　　　　　　×

　2017/02/27の週を変換中

　週足と月足は、それぞれ「週足」「月足」のシートに作られます。週足／月足を作成したあとでは、Excelの画面左下の［週足］［月足］のタブで、週足や月足のシートに切り替えることができます。

　なお、週足／月足の作成は必要に応じて行うことができます。週足／月足でのチャート作成やテクニカル分析を行わないのであれば、週足／月足を作成する必要はありません。

+ **Chapter 2** +

テクニカル指標を計算する

株式投資アドインでは、主要なテクニカル指標を簡単に計算することができます。この節では、テクニカル指標の計算手順を解説します。

◢ 計算期間を指定するだけで計算できる指標の場合

テクニカル指標の多くは、**直近の一定期間の株価**を元にして計算します。たとえば、「25日移動平均」だと、それぞれの日で、その日の直近25日の株価を平均して求めます。

株式投資アドインは、期間を決めて計算する指標の中で以下のものに対応しています。

> 移動平均　乖離率　RSI　RCI　RROC　ボリュームレシオ

移動平均は、一般的によく使われている単純移動平均だけでなく、**加重移動平均**（出来高を加味した移動平均）と、**指数平滑移動平均**（現在に近い株価ほど重みをつけた平均）にも対応しています。

また、**ボリュームレシオ**は、以下の2つの式の計算方法に対応しています。前者は計算結果が0%〜∞になり、後者は計算結果が0%〜100%になります。株式投資アドインでは、前者をVR1、後者をVR2と呼ぶことにします。

$$VR1 = \frac{株価が上昇した日の出来高 + 株価が変わらなかった日の出来高 \div 2}{株価が下落した日の出来高 + 株価が変わらなかった日の出来高 \div 2}$$

$$VR2 = \frac{株価が上昇した日の出来高 + 株価が変わらなかった日の出来高 \div 2}{計算期間中の出来高の合計}$$

これらの指標を計算するには、株価データを変換したあとのファイルを開き、[株式]タブの[指標計算]部分の[トレンド系][オシレータ系][出来高系]の各メニューで、計算したい指標を選びます(図2-13)。

図2-13 [株式]タブで計算したい指標を選ぶ

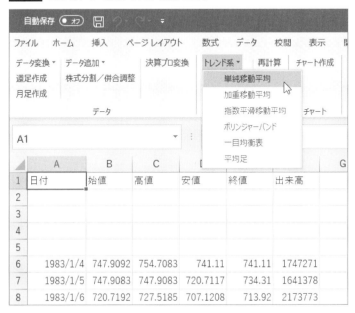

　すると、計算期間を入力するダイアログボックスが開きます(図2-14)。たとえば、日足のワークシートで、5日移動平均を計算したいとします。この場合、このダイアログボックスでは「5」と入力します。

図2-14 指標の計算期間を入力する

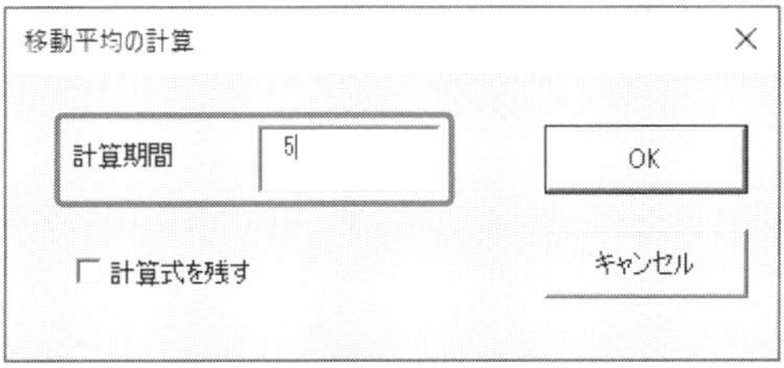

期間を入力して［OK］ボタンをクリックすると、ワークシートに指標の計算結果が表示されます。

　指標の列の1行目には、計算した指標の名前が入力されます。2行目には、指標を識別するための番号が入力されます。3行目には、計算の期間が入力されます（図2-15）。

　なお、計算期間を入力するダイアログボックスに、**「計算式を残す」**というチェックボックスがあります。このチェックボックスは、通常はオフにしておきます。使い方はp.119で解説します。

図2-15 ワークシートに指標の計算結果が表示される

	A	B	C	D	E	F	G
1	日付	始値	高値	安値	終値	出来高	MA
2							1001
3							5
4							
5							
6	1983/1/4	747.9092	754.7083	741.11	741.11	1747271	
7	1983/1/5	747.9083	747.9083	720.7117	734.31	1641378	
8	1983/1/6	720.7192	727.5185	707.1208	713.92	2173773	
9	1983/1/7	727.51	734.3092	713.9117	727.51	1804635	
10	1983/1/8	727.51	727.51	720.7108	727.51	1092782	728.872
11	1983/1/10	720.71	727.5092	713.9108	720.71	754506	724.792
12	1983/1/11	713.9176	713.9176	686.7208	693.52	1882570	716.634
13	1983/1/12	686.7192	693.5184	679.92	679.92	879515.2	709.834
14	1983/1/13	686.7208	713.9176	679.9216	693.52	1110422	703.036
15	1983/1/14	707.1192	707.1192	693.5208	700.32	1929632	697.598

110

◢ 計算方法が決まっている指標の場合

平均足は計算方法が決まっていて、計算期間のような条件がありません。また、**一目均衡表**は計算の際の期間を変えることも可能といえば可能ですが、通常は変えることはありません。

そのため、[株式]タブの[指標計算]→[トレンド系]→[平均足](または[一目均衡表])を選んだときには、「計算式を残しますか？」のメッセージのみ表示されます(図2-16)。

図2-16　「計算式を残しますか？」のメッセージ

通常は[いいえ]ボタンをクリックします。すると、ワークシートに平均足(または一目均衡表)の各指標が計算されます(図2-17)。なお、一目均衡表を求めた場合、各指標の列の3〜5行目に、p.113の表2-2の値が入力されます。

図2-17 ワークシートに一目均衡表を計算した例

	A	B	C	D	E	F	G	H	I	J	K
1	日付	始値	高値	安値	終値	出来高	転換線	基準線	先行1	先行2	遅行
2							1102	1101	1102	1103	1104
3							9	26	9	52	26
4									26	26	
5									26		
6	1983/1/4	747.9092	754.7083	741.11	741.11	174727					658.16
7	1983/1/5	747.9083	747.9083	720.7117	734.31	1641378					660.2
8	1983/1/6	720.7192	727.5185	707.1208	713.92	217377					662.24
9	1983/1/7	727.51	734.3092	713.9117	727.51	180463					661.56
10	1983/1/8	727.51	727.51	720.7108	727.51	109278					662.24
11	1983/1/10	720.71	727.5092	713.9108	720.71	75450					660.2
12	1983/1/11	713.9176	713.9176	686.7208	693.52	188257					659.52
13	1983/1/12	686.7192	693.5184	679.92	679.92	879515.					664.28
14	1983/1/13	686.7208	713.9176	679.9216	693.52	110042	717.3142				671.76
15	1983/1/14	707.1192	707.1192	693.5208	700.32	192963	713.9142				671.76
16	1983/1/17	707.1192	707.1192	693.5208	700.32	647132.	707.1146				663.6
17	1983/1/18	693.5184	693.5184	676.5204	679.92	123396	705.4148				663.6
18	1983/1/19	679.919	679.919	669.7202	671.76	147958	698.6151				666.32
19	1983/1/20	666.3206	676.5194	666.3206	671.76	432404.	696.9149				650
20	1983/1/21	673.1208	686.7192	673.1208	679.92	372102.	690.1191				647.28
21	1983/1/22	676.5188	679.9184	666.32	666.32	49417	690.1188				658.16
22	1983/1/24	666.3198	669.0395	664.96	664.96	448583.	689.4388				662.92
23	1983/1/25	653.4014	664.96	652.0416	664.96	810391.	679.5804				672.44
24	1983/1/26	671.7602	679.2393	666.3208	673.12	536828.	679.5804				662.92
25	1983/1/27	673.1193	678.5586	667	667	633899.	672.78				668.36
26	1983/1/28	670.4002	673.1199	667.0006	672.44	744206.	669.3804				660.88
27	1983/1/29	672.4402	679.2394	667.6808	674.48	131486	669.3804				660.88
28	1983/1/31	673.12	678.5594	671.0802	673.12	204436.	669.3804				662.92
29	1983/2/1	673.12	676.5196	672.4401	673.12	120308	665.98				667.68
30	1983/2/2	673.1192	676.5188	666.32	666.32	686847.	665.6405				673.8
31	1983/2/3	666.319	666.319	658.16	658.16	764798.	665.6405	703.375			679.92
32	1983/2/4	658.1602	662.9197	658.1602	660.2	292682.	668.6997	699.9749			678.56
33	1983/2/5	661.5601	666.3195	661.5601	662.24	115455	668.6997	693.1754			669.72

表2-2 一目均衡表の各指標の列に入力される値

指標	3行目	4行目	5行目
転換線	「直近9日間の高値と安値の平均」の「9」	なし	なし
基準線	「直近26日間の高値と安値の平均」の「26」	なし	なし
先行スパン1	転換線の計算日数の「9」	基準線の計算日数の「26」	「基準線と転換線を平均して26日先行」の「26」
先行スパン2	「過去52日間の最高値と最安値の平均」の「52」	「平均を26日先行」の「26」	なし
遅行スパン	「当日の終値を26日遅行」の「26」	なし	なし

◢ ボリンジャーバンドの計算

ボリンジャーバンドは移動平均をベースにした指標なので、移動平均の計算期間を指定します。また、移動平均からの**バンド幅**も指定します。

［株式］タブの［指標計算］→［トレンド系］→［ボリンジャーバンド］のメニューを選ぶと、［ボリンジャーバンドの計算］ダイアログボックスが開きます。計算期間を入力し、計算したいバンド幅（$1\sigma \sim 3\sigma$）のチェックをオンにします（図2-18）。

ボリンジャーバンドは、移動平均を中心にプラス・マイナス両方にバンドを求めます。そのため、プラス・マイナス両方のバンドに対応する値が計算されます。それぞれの列には、3行目には移動平均の計算期間、4行目にはバンド幅が入力されます（図2-19）。

図2-18 ボリンジャーバンドの計算期間とバンド幅の入力

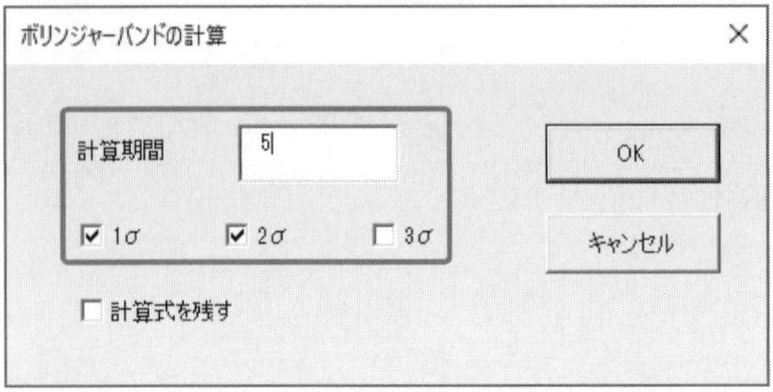

図2-19 ボリンジャーバンドを計算したところ

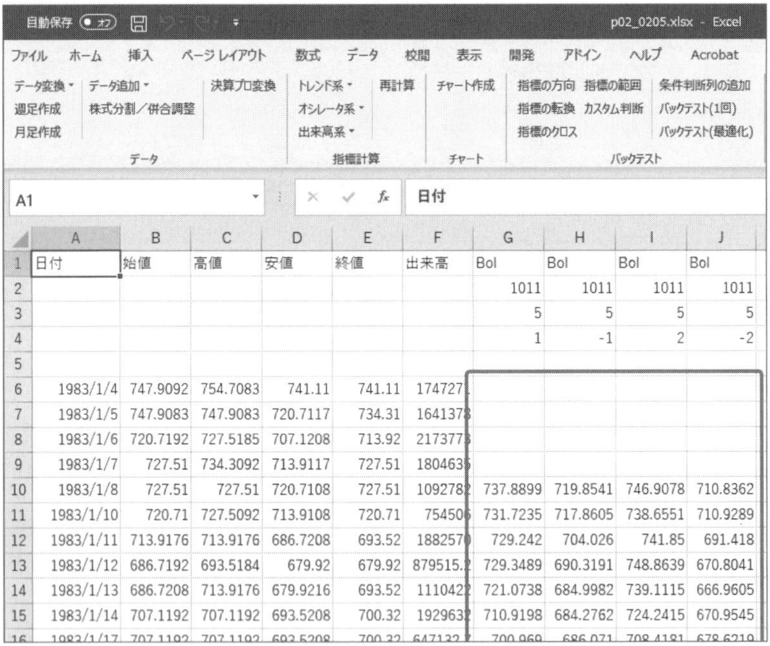

	A	B	C	D	E	F	G	H	I	J
1	日付	始値	高値	安値	終値	出来高	Bol	Bol	Bol	Bol
2							1011	1011	1011	1011
3							5	5	5	5
4							1	-1	2	-2
5										
6	1983/1/4	747.9092	754.7083	741.11	741.11	174727				
7	1983/1/5	747.9083	747.9083	720.7117	734.31	164137				
8	1983/1/6	720.7192	727.5185	707.1208	713.92	217377				
9	1983/1/7	727.51	734.3092	713.9117	727.51	180463				
10	1983/1/8	727.51	727.51	720.7108	727.51	109278	737.8899	719.8541	746.9078	710.8362
11	1983/1/10	720.71	727.5092	713.9108	720.71	75450	731.7235	717.8605	738.6551	710.9289
12	1983/1/11	713.9176	713.9176	686.7208	693.52	188257	729.242	704.026	741.85	691.418
13	1983/1/12	686.7192	693.5184	679.92	679.92	879515.	729.3489	690.3191	748.8639	670.8041
14	1983/1/13	686.7208	713.9176	679.9216	693.52	111042	721.0738	684.9982	739.1115	666.9605
15	1983/1/14	707.1192	707.1192	693.5208	700.32	192963	710.9198	684.2762	724.2415	670.9545

なお、一般的にはボリンジャーバンドのバンド幅は1σと2σを使うことが多いです。ただ、1σと2σが最適なのかというと、必ずしもそうではありません。

1σ／2σ以外のバンド幅でボリンジャーバンドを求めたい場合は、いったん1σや2σのボリンジャーバンドを求めておき、あとで指標を

再計算するという手順を取ります。指標の再計算については、p.118で
解説します。

◢ MACDの計算

　株式投資アドインでは、**MACD**も計算することができます。

　MACDは、短期／長期の2つの計算期間の**指数平滑移動平均**を求め、
その差から計算する指標です。また、MACD自体を移動平均して、**「シ
グナル」**という指標も求めます。したがって、計算の際にはシグナルの
計算期間も必要になります。

　[株式]タブの[指標計算]→[オシレータ系]→[MACD]のメニューを
選ぶと、短期／長期の指数平滑移動の計算期間と、シグナルの計算期間
を入力するダイアログボックスが開きます(図2-20)。

　それらの値を入力して[OK]ボタンをクリックすると、ワークシート
に短期／長期の2つの指数平滑移動平均とMACD／シグナルの値が表
示されます(図2-21)。

図2-20 MACDの計算期間の入力

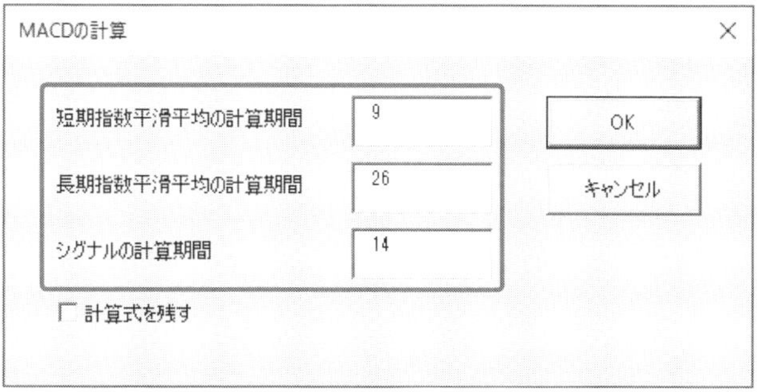

図2-21 MACDを計算した例

	A	B	C	D	E	F	G	H	I	J
1	日付	始値	高値	安値	終値	出来高	EMA	EMA	MACD	Signal
2							1003	1003	4011	4012
3							9	26	7	14
4									8	
5										
6	1983/1/4	747.9092	754.7083	741.11	741.11	174727.				
7	1983/1/5	747.9083	747.9083	720.7117	734.31	1641378				
8	1983/1/6	720.7192	727.5185	707.1208	713.92	2173773				
9	1983/1/7	727.51	734.3092	713.9117	727.51	1804635				
10	1983/1/8	727.51	727.51	720.7108	727.51	1092782				
11	1983/1/10	720.71	727.5092	713.9108	720.71	754506				
12	1983/1/11	713.9176	713.9176	686.7208	693.52	1882570				
13	1983/1/12	686.7192	693.5184	679.92	679.92	879515.				
14	1983/1/13	686.7208	713.9176	679.9216	693.52	1110422	714.67			
15	1983/1/14	707.1192	707.1192	693.5208	700.32	1929632	711.8			
16	1983/1/17	707.1192	707.1192	693.5208	700.32	647132.	709.504			
17	1983/1/18	693.5184	693.5184	676.5204	679.92	1233969	703.5872			
18	1983/1/19	679.919	679.919	669.7202	671.76	1479588	697.2218			
19	1983/1/20	666.3206	676.5194	666.3206	671.76	432404.	692.1294			
20	1983/1/21	673.1208	686.7192	673.1208	679.92	372102.	689.6875			
21	1983/1/22	676.5188	679.9184	666.32	666.32	49417	685.014			
22	1983/1/24	666.3198	669.0395	664.96	664.96	448583.	681.0032			
23	1983/1/25	653.4014	664.96	652.0416	664.96	810391.	677.7946			
24	1983/1/26	671.7602	679.2393	666.3208	673.12	536828.	676.8597			
25	1983/1/27	673.1193	678.5586	667	667	633899.	674.8877			
26	1983/1/28	670.4002	673.1199	667.0006	672.44	744206.	674.3982			
27	1983/1/29	672.4402	679.2394	667.6808	674.48	1314862	674.4145			
28	1983/1/31	673.12	678.5594	671.0802	673.12	204436.	674.1556			
29	1983/2/1	673.12	676.5196	672.4401	673.12	120308	673.9485			
30	1983/2/2	673.1192	676.5188	666.32	666.32	686847.	672.4228			
31	1983/2/3	666.319	666.319	658.16	658.16	764798.	669.5702	688.0781	18.50783	18.50783
32	1983/2/4	658.1602	662.9197	658.1602	660.2	292682.	667.6962	686.013	18.31684	18.41233
33	1983/2/5	661.5601	666.3195	661.5601	662.24	115455	666.605	684.2521	17.64711	18.15726
34	1983/2/7	662.9198	664.9596	660.2002	661.56	486823.	665.596	682.5712	16.97521	17.86175
35	1983/2/8	661.5601	666.3195	660.2002	662.24	580952.	664.0248	681.0652	16.14029	17.51748

116

複数のテクニカル指標の追加

ここまでで解説した手順を繰り返して、複数のテクニカル指標をワークシートに求めることもできます。たとえば、日足を対象にして10日移動平均と25日移動平均を求めたい場合だと、以下の手順を取ります。

❶ 株価データが入ったファイルを開き、「日足」のシートを選びます。
❷ [株式] タブの [トレンド系] → [単純移動平均] を選びます。
❸ [移動平均の計算] ダイアログボックスが開きますので、[計算期間] の欄に「10」を入力して [OK] ボタンをクリックして、10日移動平均を求めます。
❹ [株式] タブの [トレンド系] → [単純移動平均] を再度選びます。
❺ [移動平均の計算] ダイアログボックスが開きますので、[計算期間] の欄に「25」を入力して [OK] ボタンをクリックして、25日移動平均を求めます（図2-22）。

図2-22 10日移動平均と25日移動平均を求めたところ

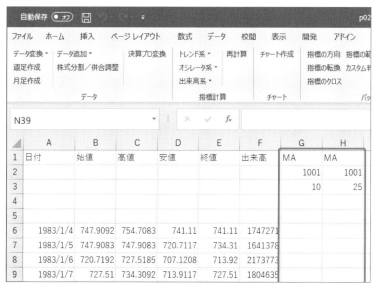

テクニカル指標の削除

一度計算したテクニカル指標を削除したい場合は、その指標が入っている列全体を選択して削除します。

たとえば、ワークシートのG列に10日移動平均を求めたあとで、それを削除したい場合、以下の手順を取ります。

❶ ワークシート先頭の「G」の列番号をクリックし、G列全体を選択します。
❷ [ホーム]タブの[削除]→[シートの列を削除]をクリックします（図2-23）。

図2-23 テクニカル指標の削除

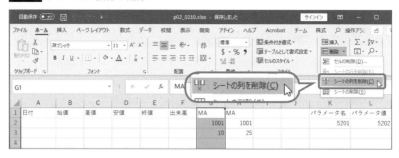

指標の修正と再計算

テクニカル指標をいったん計算したあとで、その**パラメータを変えてみたい**という場面があります。たとえば、「25日移動平均を計算してみたあとで、移動平均する期間を25日から50日に変えたい」といった場合が相当します。

この場合、新たに指標を追加して、元の指標を削除する方法もあります。たとえば、50日移動平均を追加したあと、25日移動平均を削除す

るという手順になります。

それとは別に、**既存の計算済み指標で、パラメータを書き換えて指標を計算し直す**ことも可能です。

指標を計算する際に式を残す

各種のテクニカル指標は、株式投資アドインに含まれる関数を使って計算するようになっています。

指標を計算する際にダイアログボックスでパラメータを入力する場合、そのダイアログボックスに**「計算式を残す」**というチェックボックスがあります（図2-24）。これをオンにすると、指標を計算する際に、関数の計算式をそのままワークシートに残します。一方、このチェックをオフにすると、計算式を計算結果に置き換えます。

図2-24 「計算式を残す」のチェックボックス

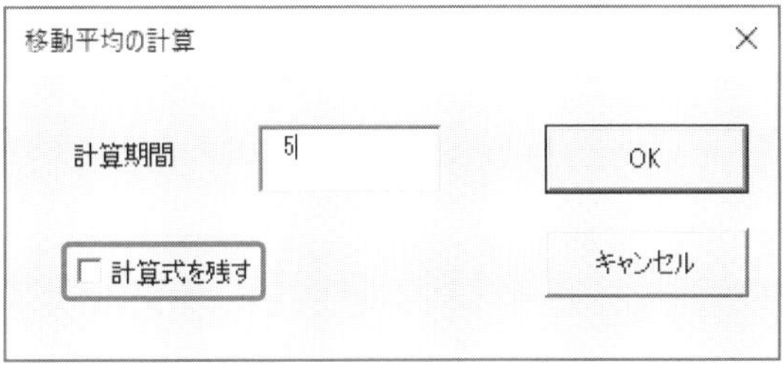

また、平均足と一目均衡表では、計算する際に「計算式を残しますか？」のメッセージが表示されます。このメッセージに対して［はい］ボタンをクリックすると、関数の計算式をワークシートに残します。一方、［いいえ］ボタンをクリックすると、計算式を計算結果に置き換えます。

各指標の列の3〜5行目には、その指標を計算するために必要なパラメータが入力されています。計算式を残した場合、パラメータを書き換えると、その場で指標の値が再計算されます。

たとえば、G列に25日移動平均を求めた場合、G3セルに「25」と入力されます。この25を「50」に書き換えると、25日移動平均から50日移動平均に変えることができます。

ただ、計算式を残すようにすると、ワークシートに長期間のデータが入っている場合や、多数の指標を計算したりする場合に、**ワークシートに大量の計算式が入力されることになり、Excelの動作が非常に重くなります**。そこで、通常は計算式は残さないようにしておきます。

指標を再計算する

指標を計算する際に計算式を残さないようにした場合でも、各指標の最新の日付の次のセルに計算式が入った状態になります。その計算式を元にして、**指標を再計算**することもできます。

再計算する手順は以下のようになります。

❶ 再計算したい指標の列の3～5行目で、計算に必要なパラメータを変更します。

❷ [株式]タブの[指標計算]部分にある[再計算]のボタンをクリックします。

❸ [指標の再計算]というダイアログボックスが開き、計算済みの指標の名前とパラメータが一覧表示されます（図2-25）。

図2-25 [指標の再計算]ダイアログボックス

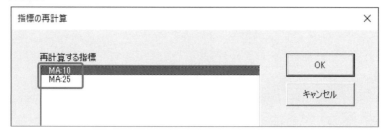

❹ 再計算したい指標をクリックして選択し、[OK]ボタンをクリックします。

❺ 選択した指標が再計算されます。

■ 標準的ではないパラメータで指標を計算する

以下の指標では、計算の際の標準的なパラメータが決まっています。

❶ ボリンジャーバンドのバンド幅は(±1σと±2σ)

❷ 一目均衡表の計算日数は(9／26／52)

これら以外のパラメータを使うことはあまりありませんので(特に一目均衡表では)、指標を計算する際には、これらのパラメータは決め打ちにしています。

しかし、**標準ではないパラメータを使って計算したい場合もあります**。そのときは標準的なパラメータで指標を計算したあと、ワークシート上でパラメータを書き換えて再計算します。

たとえば、ボリンジャーバンドでバンド幅として±1.5σを使ってみたいとします。この場合、以下のような手順を取ります。

❶ [株式]タブの[トレンド系]→[ボリンジャーバンド]をクリックして、[ボリンジャーバンドの計算]ダイアログボックスを開きます。

❷ [計算期間]の欄に、ボリンジャーバンドの計算期間を入力します。

❸ 「1σ」のチェックをオンにして[OK]ボタンをクリックし、ワークシートに±1σの指標を計算します。

❹ 指標が計算された列で、4行目の「1」を「1.5」に書き換えます。このとき、「-1」は自動的に「-1.5」に変わります(図2-26)。

❺ ワークシートに計算式を残すようにしていた場合は、❹の時点で自動的に指標が再計算されます。

❻ ワークシートに計算式を残さないようにしていた場合は、先ほどの「指標を再計算する」手順で再計算します。

図2-26 ボリンジャーバンドの幅のパラメータを「1.5」と「-1.5」に書き換える

	A	B	C	D	E	F	G	H	
							G4 ▼ : × ✓ fx 1.5		
1	日付	始値	高値	安値	終値	出来高	Bol	Bol	
2							1011	1011	
3							10	10	
4							1.5	-1.5	

◢ 複数のパラメータを連動させる

個々のテクニカル指標のパラメータは、通常はそれぞれ独立していま
す。しかし、**複数のパラメータを連動させたい**場合もあります。

たとえば、移動平均とボリンジャーバンドを使う場合、両者の計算期
間は同じにすることが一般的です。普通に移動平均とボリンジャーバン
ドを追加しただけだと、各指標の計算期間には数値が直接入っています
ので、計算期間を変えるには、それぞれの指標のパラメータをすべて手
入力し直すことになり不便です。

このようなときには、以下の手順を取ることで、複数のパラメータを
連動させて変えられます。

❶ ワークシート右端の「パラメータ名」と「パラメータ値」の部分を利用
して、連動させたいパラメータの名前と値を入力します。
❷ 各指標のパラメータの部分に、❶のセルの値を引いてくるような式
を入力します。

具体的に説明しましょう。たとえば、以下のような状況だとします。

❶ 移動平均とボリンジャーバンドの計算期間を同じにしたいとしま
す。
❷ 移動平均がG列、ボリンジャーバンドの±1σ／±2σがH～K列に
計算されているとします。

❸「パラメータ名」と「パラメータ値」が、それぞれN列／O列になっているとします。

この場合、以下のような手順を取ることで、移動平均とボリンジャーバンドの計算期間を連動させることができます。

❶「パラメータ名」列の3行目（N3セル）に、「移動平均計算期間」のようなパラメータ名を入力します。
❷ ❶の右のセル（O3セル）に、移動平均の計算期間を入力します。
❸ 移動平均の計算期間のパラメータのセル（G3セル）に以下の式を入力して、O3セルの値を引いてくるようにします（図2-27）。

=O3

❹ ボリンジャーバンドの計算期間のパラメータのセル（H3～K3セル）にも、「=O3」と入力します。

図2-27 移動平均の計算期間のパラメータ（G3セル）を、O3セルから引いてくるようにする

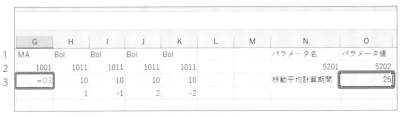

+ Chapter 2 +

チャートを作成する

株価やテクニカル指標を元にして、それらの動きを示すチャートを作成することもできます。この節ではその手順を解説します。

1 チャートのグループと株価チャートの作成

　株価／出来高／テクニカル指標の動きをわかりやすく図示するものとして、**「チャート」**があります。株式投資アドインでは、まず株価（および出来高）のチャートを作り、そこにテクニカル指標を追加していくという形で、多彩なチャートを作ることができます。

　ただ、Excelの機能上、1つのチャートに株価／出来高／テクニカル指標をまとめて表示することは困難で、また見やすくもありません。そこで、株式投資アドインでは、**複数のチャートを組み合わせてグループにまとめる**という形を取っています。

　たとえば、次ページの図2-29は、株価／出来高／平均足／オシレータ系の4つのチャートを1つのグループにまとめたものです。

　チャートのグループを作るには、まず［株式］タブの［チャート］部分にある［チャート作成］ボタンをクリックします（図2-28）。

図2-28 ［チャート作成］ボタンをクリック

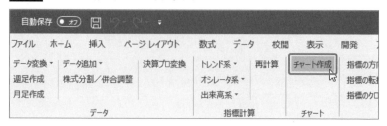

図2-29 複数のチャートをグループにまとめて扱う

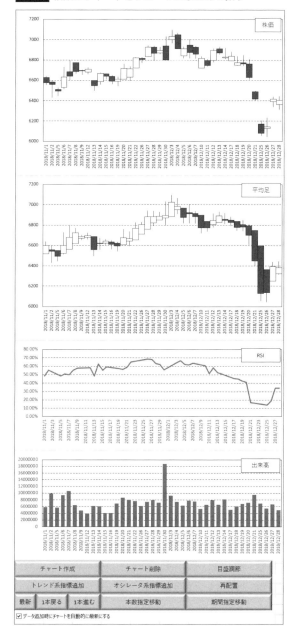

2 テクニカル分析にExcelを活かす

125

すると、［株価チャートの作成］というダイアログボックスが開きます（図2-30）。

図2-30 ［株価チャートの作成］ダイアログボックス

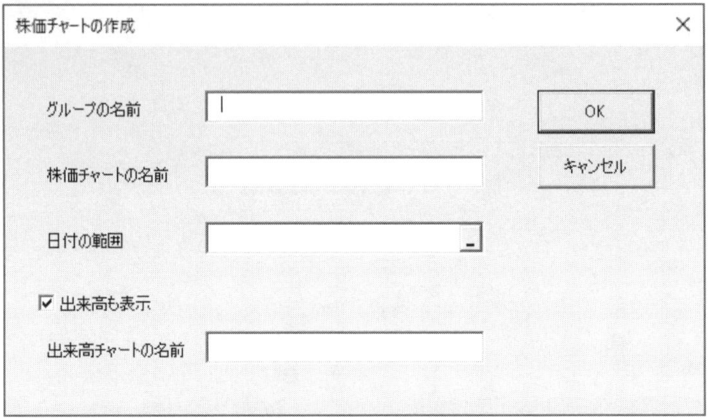

このダイアログボックスで、以下の各項目を設定します。

■ ❶ グループの名前

前述したように、株式投資アドインでは、複数のチャートを**グループ化**して扱います。そこで、グループ全体を表す名前を決めて、［グループの名前］の欄に入力します。

なお、これ以降で説明する手順を繰り返して、グループを複数作ることもできます。その場合は、個々のグループには別々の名前を付ける必要があります。

■ ❷ 株価チャートの名前

グループの中に、株価／出来高／テクニカル指標など、複数のチャートを作っていきます。それぞれのチャートに名前を付けて区別します。［株価チャートの名前］の欄では、株価のチャートに付ける名前を指定します。

なお、チャートは複数作ることができますが、**それぞれの名前は重複**

126

しないようにする必要があります。グループを複数作る場合は、他のグループにあるチャートとも名前が重複しないようにします。

❸ 日付の範囲

チャート化したい日付の範囲を指定します。この欄をクリックしたあと、ワークシートの「日付」の列で、チャート化する日付の範囲を選択します（図2-31）。

❹ 出来高

株価チャートとともに出来高のチャートも作りたい場合は、「出来高も表示」のチェックをオンにします。また、その下の[出来高チャートの名前]の欄で、出来高のチャートに付ける名前を入力します。

図2-31 日付の範囲の選択

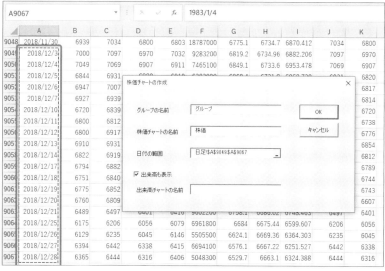

ダイアログボックスの各項目を入力し終わったら、[OK]ボタンをクリックします。すると、ワークシート上に株価チャート（および出来高チャート）が表示されます。また、チャートの下には[1本進む]などのボ

タンも表示されます（図2-32）。ボタンの使い方はp.140で解説します。

図2-32 チャートが作成された

　また、株式投資アドインでは、**ワークシートに入力されている株価
や、そこから計算されているテクニカル指標を元にして株価チャートを
作るようになっています。**

　これ以降、各種のテクニカル指標をチャートに表示していきます。前
の節の手順に沿って、それぞれの指標はあらかじめ計算されているとみ
なして説明していきます。

株価チャートにトレンド系指標を追加

　移動平均／ボリンジャーバンド／一目均衡表の**トレンド系指標**は、通
常は株価チャートの上に一緒に表示して、株価との位置関係などから売
買タイミングを判断します。株式投資アドインでも、この3つの指標は
株価チャートの上に表示するようになっています。

株価チャートにトレンド系指標を追加するには、グループの一番下に
あるボタンの部分（前ページの図2-32の右下にあるボタンの部分）で、
[トレンド系指標追加] ボタンをクリックします。すると、[チャートに
指標を追加] ダイアログボックスが開きますので、以下の項目を設定し
ます（図2-33）。

図2-33 ［チャートに指標を追加］ダイアログボックス

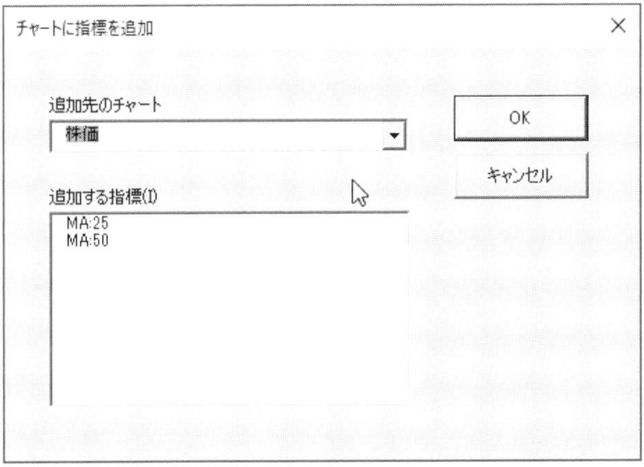

■❶ 追加先のチャート

　［追加先のチャート］の欄では、トレンド系指標を表示するチャート
の名前を選択します。グループの中に複数の株価チャートがある場合
は、［追加先のチャート］の欄にそれらの名前が一覧で表示されますの
で、その中から追加先を選びます。

■❷ 追加する指標

　［追加する指標］の欄には、ワークシートに計算されているトレンド
系指標が一覧表示されます。それらの中で、株価チャートに表示したい
指標をクリックして選択します。複数の指標をクリックして選択するこ
ともできます。

なお、指標の一覧の中には**平均足**関係のものも表示されますが、平均足は別途それだけのチャートを作った方が見やすいです。平均足のチャートを作る方法は、p.135で解説します。

また、**一目均衡表**関係の指標も表示されますが、Excelの仕様上、一般的な一目均衡表のように5つの指標が1つのチャートにすべて表示されるものは作成することができません。一目均衡表のチャートを作る方法は、p.137で解説します。

ダイアログボックスで各項目を設定して［OK］ボタンをクリックすると、株価チャートにトレンド系指標が表示されます。図2-34は、株価チャートに2本の移動平均線を入れてみた例です。

なお、ここまでの手順を繰り返して、株価チャートにさらに他のトレンド系指標を追加することもできます。

図2-34 株価チャートに2本の移動平均線を入れた例

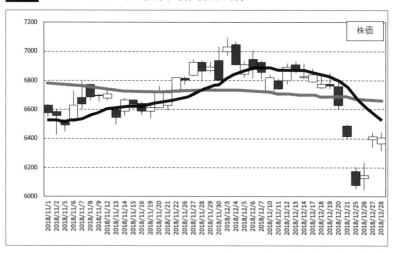

◢ オシレータ系／出来高系指標の追加

オシレータ系指標（乖離率／RSI／RCI／RROC）と、**出来高系指標**（ボリュームレシオ）も、チャート化することができます。これらの指標は、株価とは値の範囲が大きく異なりますので、株価とは別にチャートを作ってそちらに表示します。

オシレータ系／出来高系のチャートを作るには、グループの一番下にあるボタンの部分で、**[チャート作成]** ボタンをクリックします。すると、[チャート作成]ダイアログボックスが開きますので、以下の項目を設定します（図2-35）。

図2-35 [チャート作成]ダイアログボックス

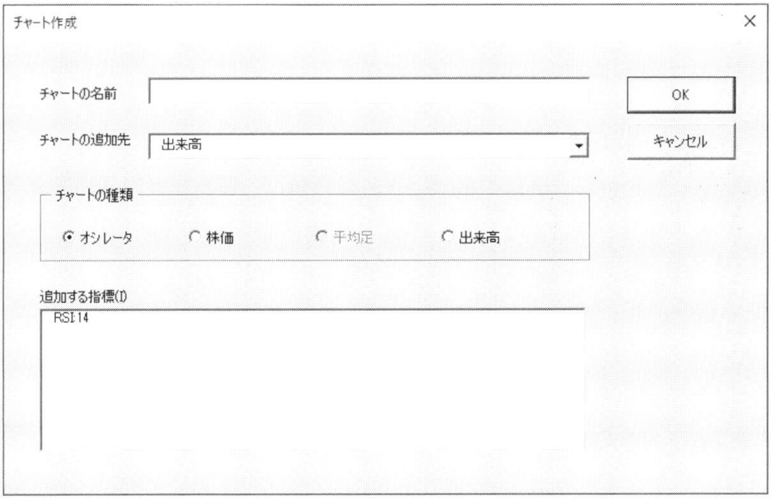

◢ ❶ チャートの名前

[チャートの名前]の欄では、作成するチャートの名前を決めて入力します。そのチャートに表示する指標の名前など、わかりやすい名前を付けるようにします。

❷ チャートの追加先

[チャートの追加先]の欄では、作成するオシレータ系指標のチャートを、グループ内のどのチャートの下に表示するかを指定します。

たとえば、グループ内に「株価」と「出来高」というチャートがある場合、この欄で「株価」を選択すると、「株価」と「出来高」の2つのチャートの間に、作成したオシレータ系指標のチャートが表示されます。また、この欄で「出来高」を選択すると、「出来高」チャートの下にオシレータ系指標のチャートが表示されます。

❸ チャートの種類

「オシレータ」をオンにします。

❹ 追加する指標

[追加する指標]の欄には、ワークシートに計算済みのオシレータ系指標と出来高系指標が一覧表示されます。それらの中で、チャートにしたい指標をクリックして選択します。複数のテクニカル指標をクリックして選択することもできます。

ただし、**オシレータ系指標／出来高系指標は、値が取り得る範囲がそれぞれ異なります。**たとえば、RSIとVR2は0%～100%の範囲を取りますが、MACDは株価水準に応じた値を取ります。

値の範囲が異なる指標を、1つのチャートの上に表示すると、チャートが見づらくなります。したがって、複数の指標を選択する場合は、値が取る範囲が同じ指標を選択するようにします。

ダイアログボックスで各項目を設定して[OK]ボタンをクリックすると、オシレータ系／出来高系指標のチャートが作成され、グループに追加されます(図2-36)。

ここまでの手順を繰り返して、さらに他のオシレータ系／出来高系指標のチャートを作成して、グループに追加することもできます。

図2-36 オシレータ系／出来高系指標のチャートを追加したところ

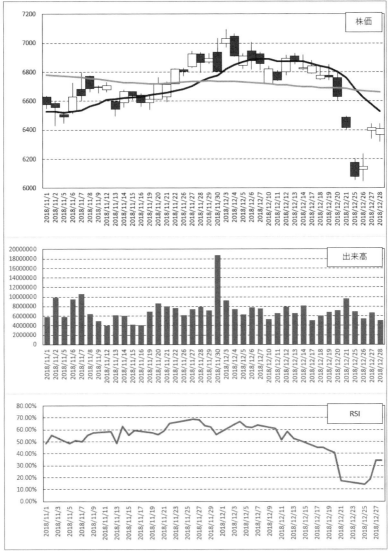

133

オシレータ系／出来高系指標のチャートに別の指標を追加

　オシレータ系／出来高系指標のチャートを作ったあとで、同じチャートに別の指標を追加することもできます。

　たとえば、まずRSIのチャートを作ったとします。そのあとに、ボリュームレシオ（VR2）も表示したいとします（➡p.108）。RSIとVR2を別々のチャートに表示することもできますが、RSIとVR2ともに0％～100％の範囲を取りますので、1つのチャートにまとめて表示しても十分見やすいです。逆に、1つのチャートにまとめることで、RSIとVR2の関係がわかりやすくなる面もあります。

　オシレータ系／出来高系指標のチャートに別の指標を追加するには、グループ下部のボタンの部分で、**[オシレータ系指標追加]** ボタンをクリックします。すると、[チャートに指標を追加]ダイアログボックスが開きますので、以下の各項目を設定します（図2-37）。

図2-37 [チャートに指標を追加]ダイアログボックス

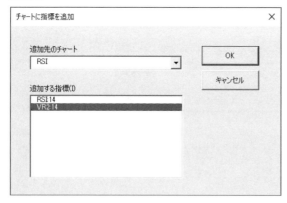

❶ 追加先のチャート

　グループ内のオシレータ系／出来高系チャートの名前が一覧表示されますので、指標の追加先のチャートを選択します。

❷ 追加する指標

チャートに追加したい指標をクリックして選択します。

設定が終わったら、[OK]ボタンをクリックします。すると、既存の
オシレータ系／出来高系チャートに指標が追加されます。

◢ 平均足チャートの作成

平均足は、通常はローソク足の形で表示する指標です。そこで、平均
足をチャートにしたい場合は、通常の株価チャートとは別に、グループ
に平均足のチャートを追加するようにします(図2-39)。

この場合、グループ下部のボタンの部分で、[チャート作成]ボタン
をクリックして、[チャート作成]ダイアログボックスを開きます。

[チャートの名前]と[チャートの追加先]は、オシレータ系指標の
チャートを作ったときと同様に設定します(➡p.131)。[チャートの種
類]で「平均足」をオンにして、[OK]ボタンをクリックします(図
2-38)。

図2-38 平均足チャートの作成

図 2-39 平均足チャートの例

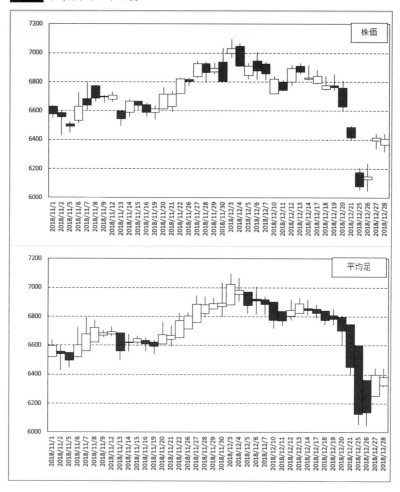

一目均衡表の作成

一目均衡表は、株価チャートに基準線／転換線／先行スパン1／先行スパン2／遅行スパンの5本の線を追加し、それらと株価との位置関係などから売買のタイミングを推し測ろうというチャートです（図2-40）。

図2-40 一目均衡表の例

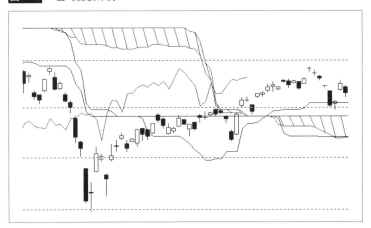

ただ、Excelの機能では、図2-40のように、複数の折れ線グラフのうち一部だけにアミカケをすることは困難です。そこで、株式投資アドインで一目均衡表を作る場合は、先行スパン1／先行スパン2は、それ用に株価チャートを別途追加し、分けて表示します。

株価チャートの追加

グループに株価チャートを追加するには、以下の手順を取ります。

❶ グループ下部のボタンで［チャート作成］ボタンをクリックし、［チャート作成］ダイアログボックスを開きます。

❷ p.131と同様の手順で、［チャートの名前］と［チャートの追加先］を設定します。
❸ ［チャートの種類］で「株価」をオンにします。
❹ ［OK］ボタンをクリックします。

先行スパン1／先行スパン2の追加

次に、p.128の「株価チャートにトレンド系指標を追加」と同じ手順で、いま作成した株価チャートに、**先行スパン1**と**先行スパン2**を追加します。

［チャートに指標を追加］のダイアログボックスでは、先行スパン1と先行スパン2は、「先行1:9:26:26」と「先行2:52:26」のように表示されます（図2-41）。

図2-41 先行スパン1と先行スパン2をチャートに追加する

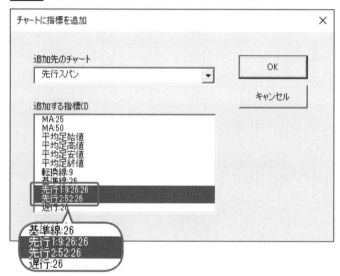

高低線の追加

ここまでの時点では、先行スパン1と先行スパン2は折れ線グラフになっています。一般的な一目均衡表とは異なり、両者の間のアミカケはありません。

Excelでは2本の折れ線の間にアミカケをすることはできませんが、**「高低線」**を引くことはできます。高低線は、2本の折れ線のグラフのそれぞれの点の間を縦の線で結んだものです。高低線を引くことで、ある程度はアミカケに近い見た目にすることができます（図2-43）。

図 2-42 先行スパン1と先行スパン2の間に高低線を引いた例

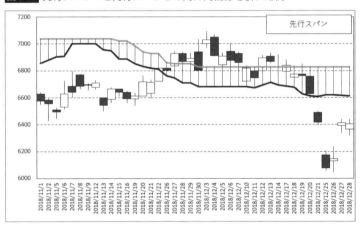

先行スパン1と先行スパン2の間に高低線を追加するには、以下の手順を取ります。

❶ 先行スパン1と先行スパン2が入ったチャートをクリックします。
❷ グループ全体が枠で囲まれて選択状態になった場合は、先行スパン1と先行スパン2が入ったチャートを再度クリックして、そのチャートだけが選択された状態にします。
❸ ［デザイン］タブに切り替え、［グラフ要素を追加］→［線］→［高低線］をクリックします（図2-43）。

図2-43 高低線の追加

▲ チャートの表示期間の変更

チャートを作ったあとで、そのチャートの**表示期間**を前後にずらしたり、表示期間を変えたりしたい場合もあります。たとえば、2019年1月1日～31日の日足チャートを作ったあとで、1日後ろにずらして、1月2日～2月1日のチャートに変えるような場合が相当します。

グループの下部に、［最新］［1本戻る］［1本進む］［本数指定移動］［期間指定移動］の5つのボタンがあります（→p.125）。これらを使うと、チャートに表示する期間を変えることができます。

最新

［最新］のボタンをクリックすると、もっとも近い日付までのチャートにすることができます。

たとえば、株価データが2019年3月31日まで入力されている場合だ

と、2019年3月31日までのチャートになります。

1本戻る／1本進む

[**1本戻る**]のボタンをクリックすると、チャートを1日（あるいは1週／1月）前に戻すことができます。たとえば、2019年1月10日〜20日の日足チャートを表示している状態で、[**1本戻る**]ボタンをクリックすると、2019年1月9日〜19日の日足チャートに変わります。

一方、[**1本進む**]ボタンをクリックすると、チャートを1日（あるいは1週／1月）先に進めることができます。

本数指定移動

1日単位でなく、もっと一度にチャートを移動したい場合もあります。たとえば、「**30本先のチャートに変えたい**」といった場合です。

このときは、[**本数指定移動**]のボタンをクリックします。本数を指定するダイアログボックスが開きますので、移動したい本数を入力して[OK]ボタンをクリックします（図2-44）。

プラスの数値を入力すると、その本数だけチャートを先に進めます。マイナスの数値を入力すると、その本数だけチャートを前に戻します。

図2-44 本数を入力するダイアログボックス

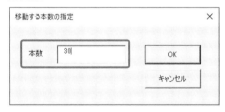

期間指定移動

現在のチャートをまったく別の期間のチャートに変えたい場合は、

[期間指定移動] ボタンをクリックします。

　日付の範囲を入力するダイアログボックスが開きますので、この欄を
クリックしたあと、ワークシートに切り替えて、A列で、チャートに表
示したい日付の範囲をドラッグします（図2-45）。このあと［OK］ボタ
ンをクリックすると、チャートに表示される期間が変わります。

図2-45 表示したい日付の範囲をドラッグ

	A	B	C	D	E	F	G	H
9003	2018/9/26	7055	7060	6947	7030	7999900	6910.2	7017.66
9004	2018/9/27	7110	7134	7002	7008	8039100	6941	7010.36
9005	2018/9/28	7083	7114	7020	7095	8082700	6984.4	7002.8
9006	2018/10/1	7054	7084	7022	7060	5387000	7012.1	6994.86
9007	2018/10/2							6989.56
9008	2018/10/3							6982.62
9009	2018/10/4							6975.42
9010	2018/10/5							6969
9011	2018/10/9							6957.04
9012	2018/10/10							6943.12
9013	2018/10/11							6925.2
9014	2018/10/12	6622	6645	6567	6608	8390900	6905.2	6911.26
9015	2018/10/15	6571	6591	6450	6450	8448900	6840.7	6892.28
9016	2018/10/16	6460	6527	6456	6522	6357300	6786.9	6877.08
9017	2018/10/17	6630	6634	6565	6612	6112400	6730.6	6864.92
9018	2018/10/18	6645	6674	6612	6641	6212000	6698.3	6855.08
9019	2018/10/19	6581	6593	6543	6577	5031500	6655.5	6843.7
9020	2018/10/22	6535	6589	6478	6549	5668400	6610.2	6833.46
9021	2018/10/23	6608	6678	6529	6544	8340600	6586	6824.54
9022	2018/10/24	6605	6623	6522	6578	6485500	6567.8	6817.08
9023	2018/10/25	6450	6478	6396	6402	8161700	6548.3	6809.02
9024	2018/10/26	6461	6565	6405	6534	10300700	6540.9	6802.42
9025	2018/10/29	6524	6545	6426	6426	7248000	6538.5	6794.64
9026	2018/10/30	6449	6559	6437	6485	19326200	6534.8	6788.84
9027	2018/10/31	6501	6623	6473	6615	7902000	6535.1	6785.08

（ダイアログ）チャートの期間を指定　×
日付の範囲　日足!$A$9006:$A$9027　OK　キャンセル

◢ チャートの縦軸の目盛の調節

　チャートを作成した時点では、チャートをなるべくめいっぱい表示す
るように、縦軸の目盛の範囲を自動的に設定するようになっています。
しかし、チャートを作ったあとで表示期間を変えると、株価や指標の値

142

の範囲が変わり、**チャートが枠からはみ出す**ことが起こります。

　たとえば、株価水準が600円〜1,800円くらいの期間を対象にチャートを作ると、縦軸の目盛もそれに合わせて自動設定されます。しかし、そのあとでチャートの表示期間を変更し、その期間で株価が1,800円を上回ると、チャートが枠の上にはみ出すような形になります（図2-46）。

図2-46 チャートが枠からはみ出した状態

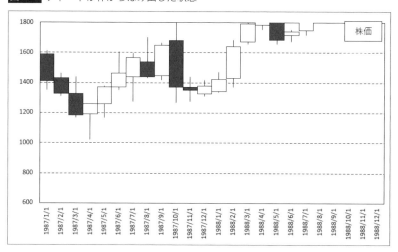

　このようなときには、チャートの縦軸を調節し直して見やすいチャートにすることができます。グループ下部の**[目盛調節]**ボタンをクリックすると、［目盛の自動調節］というダイアログボックスが開き、チャートの一覧が表示されますので、調節したいチャートを選んで[OK]ボタンをクリックします（図2-47）。複数のチャートをクリックして、それらの目盛をまとめて調節することもできます。

出来高チャートの目盛の調節

　目盛の自動調節の機能では、チャートに表示されている株価や指標の最小値と最大値を元に目盛の範囲を決めています。ただ、出来高の

チャートの場合、縦軸の目盛は0から始まるようにする方が自然です。

そこで、出来高チャートの目盛を調節する場合は、[目盛の自動調節]ダイアログボックスで、**「縦軸の原点を0にする」**のチェックをオンにします。

ただし、複数のチャートを選択した状態で「縦軸の原点を0にする」のチェックをオンにすると、それらすべてのチャートの縦軸の目盛が0から始まるようになります。株価チャートなど、縦軸の目盛を0にするとあまり見やすくないチャートもありますので、そのようなチャートは別に目盛を調節するようにします。

図2-47 [目盛の自動調節]ダイアログボックス

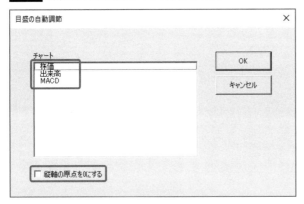

◢ チャートの再配置

長い期間のデータを元にして株価のチャートを作ると、1本1本のローソク足の幅が狭くなり、見づらいチャートになります。

逆に、短い期間のデータを元にしてチャートを作ると、間延びしたチャートになり、これもあまり見やすくありません。

このような場合には、グループ全体の横幅を変えて、チャートを見やすくすることができます。グループ以外の場所が選択されている状態

で、グループ内のどこかをクリックすると、グループ全体が選択された状態になり、枠が表示されます。枠の四隅と、縦横の線の真ん中に、サイズ変更のマークが表示されますので、そのマークをドラッグすれば、グループ全体のサイズを変えることができます。

　ただ、サイズを変えると、グループ内の各チャートで縦軸の位置が揃わない状態になることもあります。そのときは、グループ下部の**[再配置]**のボタンをクリックします。すると、グループ内のチャートが配置し直され、縦軸の位置が揃います。

■ チャートの順序の入れ替えと再配置

　グループに複数のチャートを作ったあとで、その並ぶ順番を入れ替えたい場合もあります。これも再配置の機能で行うことができます。手順は以下のとおりです。

❶ グループ以外の場所が選択されている状態で、グループ内のどこかをクリックして、グループ全体を選択した状態にします。
❷ 順番を入れ替えたいチャートをクリックして、そのチャートだけが選択された状態にします。
❸ チャートを上下にドラッグして、移動先のだいたいの位置まで持っていきます（厳密に移動する必要はありません）。
❹ グループ下部の［再配置］ボタンをクリックします。

■ チャートの高さの変更と再配置

　チャートの高さを広くしたり、狭くしたりしたい場合もあります。この場合も、チャートの高さを変えたあとで再配置するという手順になります。

❶ グループ以外の場所が選択されている状態で、グループ内のどこかをクリックして、グループ全体を選択した状態にします。

145

❷ 高さを変えたいチャートをクリックして、そのチャートだけが選択された状態にします。
❸ チャートの四隅と枠の中央にマークが表示されますので、マークを上下にドラッグしてチャートの高さを変えます。
❹ グループ下部の[再配置]ボタンをクリックします。

再配置を使うその他の場面

グループ全体をドラッグして場所を移動しようとしたものの、グループ全体ではなく1つのチャートだけが選択された状態になって、そのチャートだけ場所が動いてしまうことがあります。この場合も、[再配置]ボタンをクリックすることで、チャートの配置を整えることができます。

チャートの削除

グループ内のチャートを削除したい場合は、グループ下部の[チャート削除]ボタンをクリックします。**[チャートの削除]**ダイアログボックスで、削除するチャートを選んで[OK]ボタンをクリックします(図2-48)。

図2-48 チャートの削除

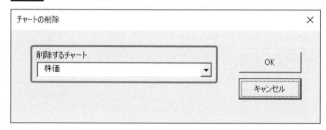

◢ Excel標準の機能で行う操作

　株式投資アドインのチャート関連の機能は、Excelを手作業で操作するには手間がかかりすぎる部分を自動化したものです。手作業で行っても大した手間にならないようなことまでは対応していません。

　たとえば、チャート上の文字の**フォント**を変えたり、**線の色**を変えたりすることは、Excelの標準機能で簡単に行うことができますので、株式投資アドインにはそのような機能は含めていません。逆に、手作業で行った変更は、原則として株式投資アドインでは変更しないようになっています。たとえば、手作業でチャートの色を変えたあとで株式投資アドインで何らかの操作を行っても、そのチャートの色は変化しません。

■ トレンドラインを引く

　株価チャートを使って売買タイミングを判断する際に、チャート上に線を引くことがよくあります。たとえば、「直近の高値を抜いたかどうか」という条件で買いタイミングを判断する場合、株価チャート上で直近の高値の位置から水平に上値抵抗線を引きます（図2-49）。また、株価の動く傾向を表すために、株価の上下に**トレンドライン**を引くことも多いです。

図2-49　「直近の高値を抜けた」判断を行うための上値抵抗線

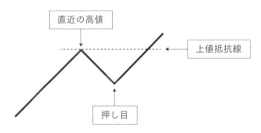

株価チャートにこれらの線を引きたい場合は、Excelの図形描画の機能を利用してチャート上に直線を引きます。手順は以下のとおりです。

❶ グループ以外の場所が選択されている状態で、グループ内のどこかをクリックして、グループ全体を選択した状態にします。
❷ 線を引きたいチャートをクリックして、そのチャートだけが選択された状態にします。
❸ [挿入]タブの[図形]ボタンをクリックして、直線のボタンをクリックしたあと、チャート上で線を引きたい場所で、マウスを左上から右下(もしくは左下から右上)にドラッグします。

なお、チャートに線を引いたあとで、Excelの標準の機能を使って、その線の色などの書式を変えることもできます(図2-50)。

図2-50 株価チャートに線を引いた例

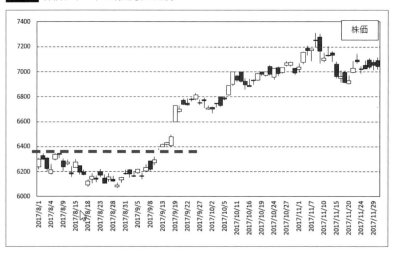

▲ チャートサイズの初期値の設定

　お持ちのPCによって、画面の解像度が異なります。そのため、「チャートのサイズが大きすぎる（あるいは小さすぎる）」という方もいると思います。

　そこで、**チャートのサイズの初期値**を変えることができるようになっています。［株式］タブの［設定］部分にある［設定］ボタンをクリックすると、チャートの幅と高さを設定するダイアログボックスが開きます（図2-51）。

図2-51 チャートサイズの設定

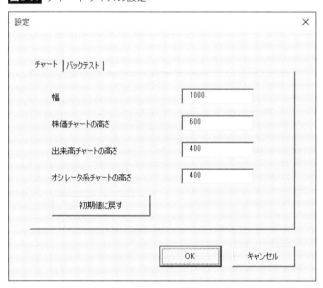

　値を変えて［OK］ボタンをクリックすると、これ以後に作成するチャート（グループ）の幅と高さが変わります。既存のチャートの幅／高さは変更されません。

+ **Chapter 2** +

株価データを追加する

株価は日々変化していきますので、テクニカル分析を続けていくには、新しい株価を日々追加していきます。この節では、これまで作ってきたファイルに、最新の株価のデータを追加する方法を解説します。

◢ データ追加前の注意

データを追加する際には以下の点に注意が必要です。

▌「元に戻す」の機能はない

Excelの通常の作業であれば、操作を間違ったときには、[元に戻す]ボタンで作業をする前の状態に戻ることができます。ただ、**株式投資アドインの各処理では、[元に戻す]ボタンを使うことはできません。**

株価のデータを間違って追加した場合、手作業で戻すことはできなくはありませんが、手間がかかります。

データを追加する際には、その前にファイルをいったん保存しておいてください。 そうすれば、仮にデータ追加を失敗しても、そのファイルを保存せずに閉じて、先ほど保存しておいたファイルを開き直せば、データを追加する前の状態に戻ることができます。

また、データを保存する前に、データをよく確認して、間違っていないことを確かめるようにしてください。さらに、データを追加したあとにも再度よく確認して、正しいデータが追加されていることを確かめてください。そのあとでファイルを保存するようにします。

▌株式分割／併合がある場合

銘柄によっては、**株式分割**が行われることがあります。特に、上場し

150

てからまだあまりたっていない新興企業の銘柄で株式分割が行われることが多いです。一方、株式分割とは逆に、**株式併合**が行われることも、ごくわずかですがあります。

　株式分割や併合があると、その比率に応じてそれまでとは株価水準が変わり、**株価が急激に変化したような形**になります。分割を考慮しないで株価データを追加すると、テクニカル分析を正しく行うことができません。

　そこで、株式分割／併合があった場合は、その比率に合わせて過去の株価を調整する作業が必要です。株価を入力する際に、株式分割／併合で株価が変化する日を含む場合は、後述の「株式分割／併合への対応」の作業を行うことが必要になります（➡ p.154）。

◢ 1日分のデータを追加

　まず、前営業日までのデータが入っている状態で、今日1日分の株価のデータを追加する方法から解説します。

　この場合は、［株式］タブの［データ］部分にある［データ追加］→［1日分］をクリックします。すると、1日分の株価データを入力するためのダイアログボックスが開きますので、必要なデータを入力します。

　日付は「2019/1/23」のように、年／月／日の間を半角の「/」で区切って入力します。株価や出来高は数値で入力します（図2-52）。

　入力が終わったら、ダイアログボックスの［OK］ボタンをクリックします。これで、入力したデータと、その日の各テクニカル指標のデータが、日足のワークシートに追加されます。また、週足／月足のワークシートも作っている場合は、それらのワークシートが更新されます。

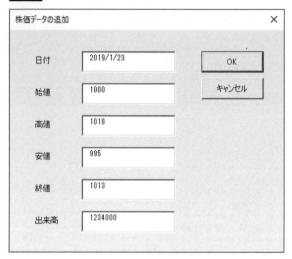

図2-52 1日分の株価データの入力

◢ 複数の日のデータをまとめて追加

「毎日データを入力するのは大変」という場合は、**複数の日の株価データを用意して、一括で追加**することもできます。

追加用データの作成

まず、追加用のデータを作成します。

Excelで新規ファイルを作成し、1行目にはA列から順に「日付」「始値」「高値」「安値」「終値」「出来高」と入力します。そして、2行目以降には、追加したいそれぞれの日について、日付／始値／高値／安値／終値／出来高のデータを各行に入力します（図2-53）。

追加用データは手作業でExcelに入力することもできますが、Yahoo!ファイナンスで時系列データを表示して、それをコピーしてExcelに貼り付けるのが簡単です。

データを入力し終わったら、ファイルを保存し、閉じておきます。

図2-53 追加用データの作成例

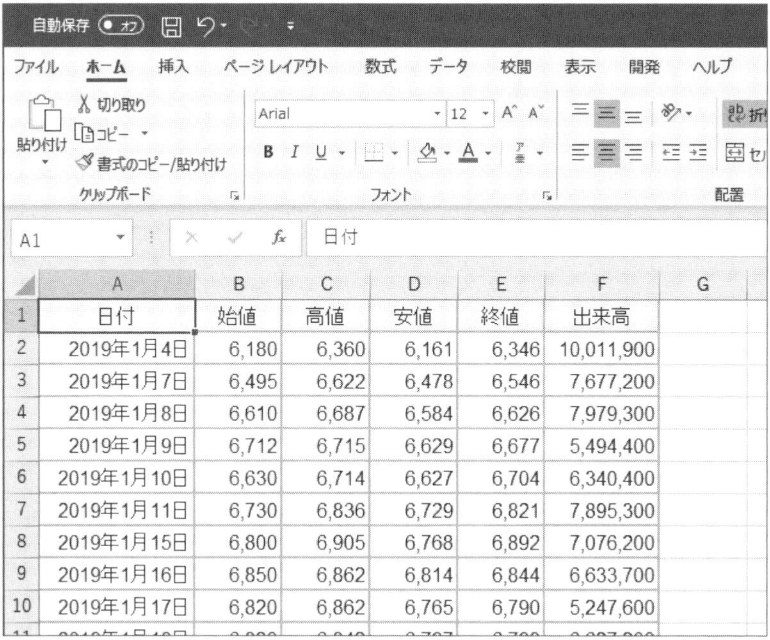

	A	B	C	D	E	F	G
1	日付	始値	高値	安値	終値	出来高	
2	2019年1月4日	6,180	6,360	6,161	6,346	10,011,900	
3	2019年1月7日	6,495	6,622	6,478	6,546	7,677,200	
4	2019年1月8日	6,610	6,687	6,584	6,626	7,979,300	
5	2019年1月9日	6,712	6,715	6,629	6,677	5,494,400	
6	2019年1月10日	6,630	6,714	6,627	6,704	6,340,400	
7	2019年1月11日	6,730	6,836	6,729	6,821	7,895,300	
8	2019年1月15日	6,800	6,905	6,768	6,892	7,076,200	
9	2019年1月16日	6,850	6,862	6,814	6,844	6,633,700	
10	2019年1月17日	6,820	6,862	6,765	6,790	5,247,600	

データの追加

次に、データの追加先のファイルをExcelで開いて、［株式］タブの［データ］部分の［データ追加］→［複数日一括］のメニューを選びます。

ファイルを選択するダイアログボックスが開きます。先ほど作成した追加用データのファイルを選ぶと、「このファイルのデータを追加します。よろしいですか？」と表示されますので、ファイルの内容を再度確認して、追加してよければ［はい］ボタンをクリックします。

データの量に比例して、データを追加し終わるまでには時間がかかります。追加中には、その進行状況が表示されるようになっています。

最新データに合わせてチャートを更新する

　一般的に、テクニカル分析は、最新の株価やテクニカル指標を元にして、いまが買い時／売り時であるかどうかを判断します。したがって、**チャートも常に最新時点のものを使う**ことが通例です。

　そこで、株価データを追加した際には、それに合わせてチャートも最新の日付までの表示に自動更新できるようになっています。チャートのグループの最下部に「データ追加時にチャートを自動的に最新にする」というチェックボックスがあり（➡p.128）、これがオンになっていれば、チャートは自動的に最新の状態に更新されます。

　一方、参考資料的に、過去のチャートを表示しておきたいということもあります。そのチャートのグループでは、「データ追加時にチャートを自動的に最新にする」のチェックをオフにしておきます。そうしておくと、データを追加しても、そのグループのチャートは更新されず、そのままの状態を保ちます。

株式分割／併合があったときのデータの追加

　株式分割や併合があった場合は、その比率に合わせて**過去の株価のデータを調整**することが必要です。データの追加は、以下の手順で行います。

株式分割／併合までのデータを追加

　まず、ここまでで説明した手順で、株式分割／併合によって株価が下がる直前までのデータを追加します。

　例として、2018年12月末で1：2の株式分割を行った銘柄を考えます。2018年12月の最後の営業日は12月28日で、その3営業日前の12月25

日が株式分割の権利を得られる最終日になります。そして、権利付き最終日翌日の12月26日に、株式分割に沿って株価が約半分に下がります（表2-3）。

表2-3 株式分割前後の株価の動きの例

日付	始値	高値	安値	終値	出来高
2018/12/19	9140	9160	9000	9110	8100
2018/12/20	9030	9390	9030	9280	27100
2018/12/21	9130	9270	8770	9100	20000
2018/12/25	8620	9300	8590	9080	28200
2018/12/26	4510	4765	4440	4605	43600
2018/12/27	4745	5200	4740	5200	108100
2018/12/28	5200	5930	5120	5600	229600
2019/1/4	5320	5800	5300	5800	122600

　1日分ずつデータを入力する場合だと、株式分割／併合の前日までのデータを1日ずつ追加します。上記の例の場合だと、株価が下がる前日の12月25日までのデータを1日ずつ追加します。

　複数の日のデータをまとめて追加したい場合は、まず株式分割／併合の前日までのデータだけのファイルを作っておき、それを追加するようにします。上記の例の場合だと、12月25日までの株価データでファイルを作り、それを元にしてデータを追加しておきます。

　データの追加が終わったら、このあとの作業でミスやトラブルが起きることに備えて、それまでの株価データのファイルを必ず保存しておきます。

株式分割／併合に応じて株価などを調整

　次に、**株式分割／併合に応じて、これまでの入力済みの株価データやテクニカル指標を調整します。**

　［株式］タブの［データ］部分で、［株式分割／併合調整］のボタンをク

リックして、［株式分割／併合調整］のダイアログボックスを開きます（図2-54）。

株式分割があった場合は、「株式分割」のチェックをオンにして、その下の［1株を〇株に分割］の欄に、分割の比率を入力します。たとえば、1：2の株式分割の場合なら、入力欄に「2」と入力します。

一方、株式併合があった場合は「株式併合」のチェックをオンにして、その下の［〇株を1株に併合］の欄に、併合の比率を入力します。たとえば、10株が1株に併合された場合なら、入力欄に「10」と入力します。

図2-54 株式分割／併合の比率を入力する

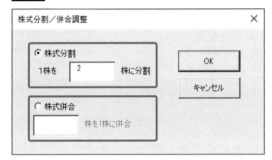

株式分割／併合後のデータを追加

株式分割／併合の調整を行ったら、それ以後の日の株価を株価データにすることができます。前述の例の場合だと、12月26日以降の株価データを追加して、分析を続けることができます。

チャートの縦軸の調整

株式分割／併合の調整を行うと、その比率に応じて株価の水準が変わります。そのままだと、株価の範囲とチャートの縦軸の範囲が合わなくなり、チャートが正しく表示されません。そこで、目盛の自動調節の機能で修正するか（➡ p.142）、Excelの機能を使って手動で目盛を設定します。

+ Chapter 2 +

オリジナル指標「RROC」を使いこなす

株式投資アドインには、筆者が考えた「RROC」というテクニカル指標が含まれています。この指標の意味や使い方を解説します。

▲ 線形回帰の考え方

RROCは、「線形回帰」という考え方を元にしたテクニカル指標です。まず、この線形回帰について簡単に紹介します。

2つのデータ群(身長と体重など)の関係をグラフにすると、完全ではないものの、ある程度**直線的にデータが並ぶ**ことがあります。このような場合に、データの傾向を近似的な直線で表すことがよくあります。

このことを「線形回帰」と呼びます。線形回帰は統計学の手法の1つで、さまざまな場面で利用されています。Excelにも線形回帰を行う機能があり、グラフに近似直線を引くことができます(図2-55)。

図2-55 線形回帰を行ってグラフに近似直線を引いた例

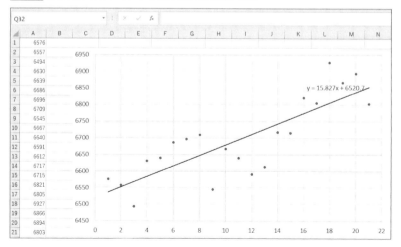

身長と体重など2つのデータ系列に対して線形回帰を行うと、両者の関係を表す式として、以下のような形のものが得られます。

$y = ax + b$

Excelで線形回帰を行って近似直線を引くときにも、上記の式に沿った直線が引かれます。

◤ 線形回帰を利用した「RROC」

株価の動きを見てみると、短い期間であれば、直線的な動きになる傾向があります。そこで、**株価に対して線形回帰を適用するというアプローチ**もあります。筆者が考えた「**RROC**」も、そのアプローチの1つです。

RROCでは、日付と株価の2つの値に対して線形回帰を行い、株価の動く傾向を表す直線の式を求めます。そして、株価がその式に沿って動いたと仮定した場合の上昇（下落）率を求め、その値をRROCとします。

たとえば、過去10日間の株価を線形回帰したところ、株価の傾向を表す直線の式として、以下が得られたとします。

$y = 5x + 500$

この式は、「株価の動きを近似的に表すと、10日間の初日の株価は500円で、1日につき5円ずつ上昇する」ということを意味しています。10日間の最終日までで、次ページの図2-56のように、5円×9日＝45円上昇することになります。

したがって、この間の近似的な上昇率は、45円÷500円＝0.09＝9%となります。この値をRROCとします。

ちなみに、「RROC」という名前ですが、「ROC」を改訂（Revise）した

ということから付けました。ROCは、ある2つの日（週／月）の間での、株価の上昇（下落）率を表す指標です。ROCでは2つの日（週／月）の株価そのものを元に計算しますが、RROCはそこに線形回帰を加味して改訂した形になっています。

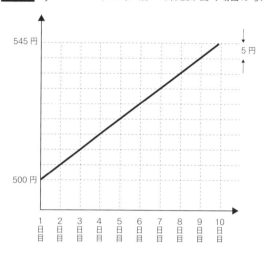

図2-56 「y＝5x＋500」の式に沿って株価が動く場合の考え方

RROCの特徴

RROCには以下のような特徴があります。

オシレータ系指標の一種

テクニカル指標は、大きくトレンド系とオシレータ系の2種類に分かれます。RROCは、これらのうちのオシレータ系指標にあたるものです。

オシレータ系指標は、日々の株価の変動に合わせて値が上下します。また、株価の短期的な天井や底の付近で、オシレータ系指標の値も天井や底をつける傾向があります。

RROCも、このようなオシレータ系指標の性質を持っています。値は日々上下し、また株価の短期的な天井／底の付近で、RROCも天井／底をつける傾向があります。

■ 値の動き方が比較的なめらか

オシレータ系指標の多くは、**株価の動きをストレートに反映する**ように計算されています。そのため、日々の株価の動きに敏感に反応し、値が細かく上下し、天井や底の位置を判断しにくいというデメリットがあります。

しかし、RROCは線形回帰がベースになっているので、株価の動きがそのまま出るのではなく、動きをある程度平均化したような形になります。そのため、RROCは他のオシレータ系指標と比べると、**値の動き方が比較的なめらかで、天井や底の位置を判断しやすい**です。

一方で、他のオシレータ系指標と比べると、**株価の動きに対してあまり敏感には反応せず、株価の動きにやや遅れてしまう**というデメリットがあります。特に、株価が非常に短い周期で上下すると、RROCはそれに追随しきれないことがあります。

■ RROCの事例

次ページの図2-57は、2018年7月〜12月のトヨタ自動車（7203）の日足チャートに、25日間RROCのチャートを追加したものです。

RROCの動きを見てみると、株価の上下にほぼ沿うような形で、RROCも上下する傾向があることがわかります。また、7月末頃の株価の天井の時期や、10月末頃の株価の底の時期には、RROCも天井や底をつけていることがわかります。

図2-57 RROCの例（2018年7月〜12月のトヨタ自動車の日足）

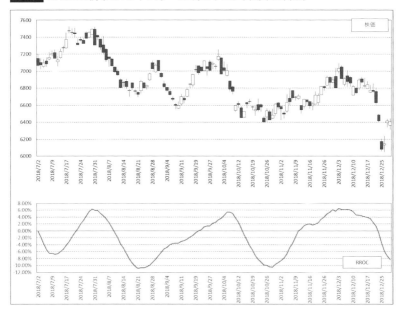

▲ RROCでの売買タイミングの判断

　RROCはオシレータ系指標の一種なので、売買タイミングの判断に使うこともできます。

RROCの向きが変わったら手仕舞い

　図2-57からわかるように、株価が天井や底をつけると、RROCも天井や底をつけて向きが変わる傾向が見られます。したがって、**RROCの向きが変わったら、持っているポジションを手仕舞いする**、というやり方が考えられます。

　買いのポジションを持っていた場合なら、RROCが上昇から下落に転じた時点で、その株を売ってポジションを閉じるようにします（図

2-58)。空売りのポジションを持っていた場合なら、RROCが下落から上昇に転じた時点で、その空売りを買い戻してポジションを閉じます(図2-59)。

なお、**この方法は、買い／空売りのポジションを閉じるタイミングを判断するだけ**です。買い／空売りの新規のポジションをいつ取るかは、このあとで述べる方法を使うか、もしくは別のテクニカル指標で判断します。

図2-58 RROCでの手仕舞い売りのタイミングの判断

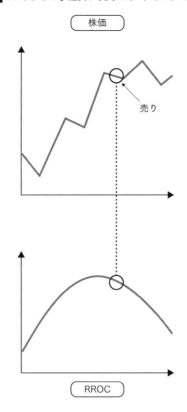

図2-59 RROCでの手仕舞い買い戻しのタイミングの判断

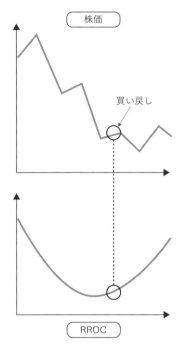

RROCの向きが変わったら新規ポジションを取る

　RROCを手仕舞いの判断に使うだけでなく、新規の買い／空売りポジションを取るために使う方法も考えられます。

　買いポジションを手仕舞いするタイミングで、空売りポジションを取ることが考えられます（図2-60）。同様に、空売りポジションを手仕舞いするタイミングで、買いポジションを取ることが考えられます（図2-61）。

　ただ、株価上昇中の一時的な下落によって、RROCが上向きから下向きに変わることもあります。そのタイミングで空売りすると、ダマシになりやすいです。同様に、株価下落中の一時的な上昇で、RROCが下向きから上向きに変わることもあり、それもダマシになりやすいです。

　したがって、RROCの向きが変わった時点で新規の買い／空売りポジションを取ることは、積極的にはおすすめしません。

図2-60 RROCでの買いタイミングの判断

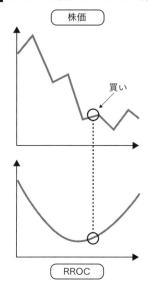

図2-61 RROCでの空売りタイミングの判断

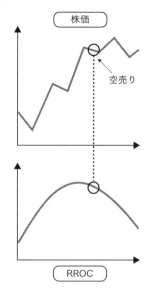

第 **3** 章

売買のシミュレーション （バックテスト）にExcelを活かす

テクニカル分析で売買タイミングを判断する際に、
「その判断方法で利益が出るのかどうか」という点を
検証したいところです。株式投資アドインでは、売
買の検証を行う機能（バックテスト）もあります。

＋ Chapter 3 ＋

株式投資のバックテスト

まずバックテストがどういったものであるか、また株式投資アドインでどの
ようなバックテストができるのかについてまとめます。

◢ バックテストとは？

　株を売買する際に、テクニカル分析を行って売買のタイミングを決め
ることは、ごく一般的なことです。ただ、テクニカル分析は、これまで
の**多くの人々の経験則に基づいて行われているものであり、いわば最大
公約数的な手法**です。そのため、**一般的にいわれている方法のとおりに
売買して、よい結果が得られるという保証はありません。**

　銘柄によって、また同じ銘柄でも時期によって、テクニカル分析の当
てはまり具合がよいものもあれば、そうでないものもあります。そこ
で、テクニカル分析に沿って実際に売買する前に、過去の株価データを
利用して、どの程度利益が得られるのかをシミュレーションしておきた
いところです。

　このような「**過去の株価を利用した売買の検証**」のことを「**バックテス
ト**」(Back Test) と呼びます。

　FX（外国為替証拠金取引）だと、売買やテクニカル分析に「**Meta
Trader 4**」という無料のソフトを使うことが多く、そのソフトにバック
テストの機能もあります。FXをやっている方には、バックテストは比
較的なじみがあるのではないかと思います。

　一方の株式投資では、バックテストを行うソフトはあるにはあります
が、値段が高く、誰でも手を出せるようなものではありません。株式投
資の世界では、個人投資家にとってはバックテストはあまりなじみがな
いと思われます。

166

株式投資アドインのバックテスト機能

本書で提供している**株式投資アドイン**には、バックテストの機能があります。過去の株価データを元に、条件に沿って売買を行ったものとして、損益がどのようになるのかを調べることができます（図3-1）。

図3-1 バックテストの結果の例

条件の設定は、ExcelのIF関数を使って行うようになっています。IF関数の書き方次第で、さまざまな条件を決めることができ、幅の広いバックテストを行うことができます。

　また、バックテストをする際に、**テクニカル指標のパラメータを変化させつつ、最適値を探す機能もあります。**たとえば、移動平均を売買の条件に使う場合、移動平均の計算期間を自動的に変化させて、バックテストを行っていくことができます。

　変化させるパラメータは、最大5つまで指定できます。パラメータの組み合わせをいろいろと試すのにも便利です。

　なお、売買を行うのは、条件を満たした日（週／月）の翌日（翌週／翌月）の始値で行います。**テクニカル指標の値が確定するのは、その日（週／月）の終値の段階であり、その時点で売買することはできないの**で、翌日（翌週／翌月）の始値で売買することにしています。

　たとえば、「株価が移動平均を超えたら買う」という条件にした場合、移動平均の値は終値が確定した時点で決まりますので、その日（週／月）のうちに買うことはできません。そのため、翌日（翌週／翌月）に買うことにします。

　また、含み損が大きくなったときに損切りすることも可能です。この場合も、含み損が指定した率に達した日（週／月）の翌日（翌週／翌月）の始値で損切りを行うものとしています。

◢ バックテストの注意点

バックテストを行う際には、以下の点に注意してください。

■ データはなるべく最小限に

　バックテストでは、**非常に大量の計算を行うため時間がかかります。**バックテストを極力スムーズに行うには、バックテストで使うデータだ

けが入った状態にすることをおすすめします。

　なるべく、初期化（p.102〜p.107の日足変換と週足／月足作成）直後のファイルを元に、バックテストする期間だけのデータを入れるようにします。また、指標を計算することもできますが、バックテストで使う指標だけを入れるようにします。さらに、ワークシートにチャートは入れないようにします。

バックテストをうのみにしない

　バックテストは、過去の株価データを元にして、売買をテストするものです。**バックテストでよい結果が出たからといって、その方法が今後も通用するという保証はありません**。

　また、株式投資アドインのバックテストでは、ストップ高／ストップ安の影響を考慮していません。たとえば、悪材料でストップ安になり損切りの条件を満たした場合、その翌日の始値で損切りするという処理にしています。しかし、実際にはストップ安だと売ることができない可能性が高いです。

　これらのことから、バックテストはあくまでも参考として行うにとどめることをおすすめします。バックテストのとおりに売買して損失を被ることになったとしても、責任を負うことはできません。

+ Chapter 3 +

バックテストと信用取引

株式投資アドインのバックテスト機能は、信用取引も考慮した結果を出すことができます。この節では、信用取引の概要を説明します。

◢ 信用取引とは？

株式を売買する際に、自分の口座にあるお金の範囲でのみ買うことができる仕組みを「現物取引」と呼びます。一方、現物取引とは別に、**「信用取引」**という取引もあります。

信用取引は、口座にあるお金を担保（委託保証金）にして行う取引です。**「空買い」**と**「空売り」**の2つの取引手法を取ることができ、投資の幅が広がります。一方で、失敗すると大きな損失を被ることもあり、ハイリスク・ハイリターンな取引手法です。

なお、ここでは信用取引の概要を説明するにとどめます。信用取引の詳細については、信用取引関係の他の書籍をご参照ください。

◢ 大きな買いができる空買い

信用取引の1つ目の手法は、**「空買い」**です。これは、通常の買いとほぼ同じですが、委託保証金よりも大きな額の取引を行える点が異なります。取引する額の30％以上の委託保証金があればよく、委託保証金の約3.3倍まで取引することができます。自分が持っていないお金で株を買うことから、「空買い」と呼ばれています。

たとえば、100万円分の株を買いたい場合、現物取引だと口座に100万円以上のお金を入れておく必要がありますが、信用取引なら、100万円×30％＝30万円を委託保証金として口座に入れておけばOKです。

170

空買いしたあとに株価が上がると、大きな利益を得ることができます。上の例で、株価が10％上がって110万円になった時点で売ったとします。すると、10万円の利益を得ることができます。30万円の元手（委託保証金）で10万円の利益を得ることができたので、利益率は10万円÷30万円＝0.333＝33.3％になります。

　少ない元手で大きな取引をすることを、**「レバレッジ（leverage）をかける」**といいます。委託保証金に対する取引金額の倍率のことを、レバレッジ倍率と呼びます。たとえば、30万円の委託保証金で100万円分の株を買う場合、レバレッジ倍率は100万円÷30万円＝3.33…倍です。

　空買いでの利益は、現物取引での買いに対して、レバレッジ倍率に比例して大きくなります。たとえば、現物取引で10％の利益が得られる場合、レバレッジ2倍で空買いすると、10％×2＝20％の利益が得られる計算になります。

　一方、損失になる場合も、レバレッジ倍率に比例します。たとえば、現物取引で10％の損失になる場合、レバレッジ2倍で空買いしていたとすると、10％×2＝20％の損失になります。

◢ 株価下落局面で利益を得られる空売り

　もう1つの取引手法は**「空売り」**です。持っていない株を借りてきて売り、あとで買い戻して返すことから「空売り」と呼ばれます。

　空売りを使うと、株価が下がる局面で利益を得ることができます。たとえば、いまの時点で株価が1,000円の銘柄があり、今後800円まで下がりそうだとします。この場合、いまの時点で1,000円で空売りし、株価が800円まで下がったところで買い戻すことで、差額の200円が利益になります。

　現物取引や空買いだと、株価が上がらないと利益を得ることができません。株価が長期的に下落する局面になると、お手上げになってしまい

ます。しかし、空売りを併用すれば、株価が下がる局面でも利益を得ることができ、投資機会が2倍に増えます。

また、空売りとレバレッジを併用することもできます。たとえば、100万円分の株を空売りするには、最低で100万円×30％＝30万円の委託保証金があれば行えます。

◢ 信用取引のバックテストもできる

株式投資アドインのバックテスト機能では、信用取引を考慮したバックテストを行うこともできます。

買いだけを行う場合／空売りだけを行う場合／買いと空売りの両方を行う場合のそれぞれについて、バックテストの結果を出すことができます。

また、任意の倍率でレバレッジを設定することもできます。一般に、「**レバレッジは資金効率がよい**」といわれますが、それは常に利益を出し続けられればの話で、**損失になると資金効率がかえって悪化する**場合もあります。そのあたりのことまでバックテストで確認することができます。

＋ Chapter 3 ＋

指標の方向などを求める

バックテストを行うには、まず売買の条件を決めます。この節では、条件を
決めるための準備として、指標の方向などのデータをワークシートに入れる
方法を解説します。

指標の方向を判断する

テクニカル分析で売買のタイミングを判断する際に、**「指標の方向」**
を条件として使うことはよくあります。たとえば、**「移動平均線が上向
きのときだけ買う」**といった条件をつける場合が考えられます。

株式投資アドインでは、指標の方向を「↑」と「↓」でワークシートに
入れる機能があります。あとで売買の条件を決める際に、「指標の方向
が『↑』になっている」というような形で条件を作ることができます。

指標の方向を表示するには、［株式］タブの［バックテスト］部分にあ
る**［指標の方向］**のボタンをクリックします。すると、ワークシート上
に計算されている指標の一覧が表示されますので、方向を調べたい指標
の名前を選び、［OK］ボタンをクリックします（図3-2）。すると、ワー
クシートに指標の方向が表示されます（図3-3）。

なお、テクニカル指標はワークシートの右端の列に追加されていきま
すが、指標の方向（およびこのあとで解説する指標の転換など）は出来
高の列のあとに順に追加されます。

173

図3-2 方向を調べたい指標の名前を選ぶ

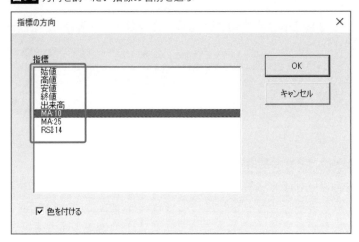

図3-3 指標の方向が表示される

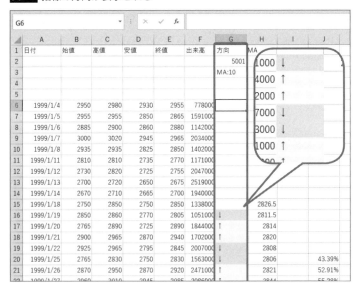

指標の転換を判断する

　指標の方向だけでなく、**「転換」**を条件に使うことも多くあります。「転換」とは、方向が上昇から下落（もしくは下落から上昇）に変わることです。たとえば、**「移動平均線の向きが転換した」**ということを、売買の条件に入れることができます。

　株式投資アドインでは、指標の転換があったときに、そのことを「↑↓」と「↓↑」の矢印の組み合わせでワークシートに入れる機能があります。あとで売買の条件を決める際に、「指標が『↓↑』で転換した」というような形で条件を作ることができます。

　指標の転換を表示するには、［株式］タブの［バックテスト］部分にある**［指標の転換］**のボタンをクリックします。転換を調べたい指標の名前を選び、［OK］ボタンをクリックします。すると、指標が転換した行に「↑↓」や「↓↑」が表示されます（図3-4）。

図3-4 指標の転換が表示される

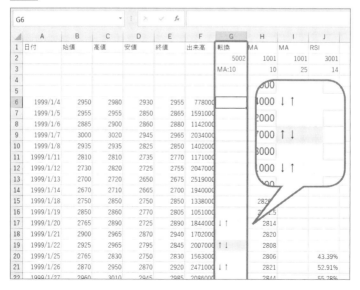

◢ 指標のクロスを判断する

　2つの指標がクロス（または株価とテクニカル指標がクロス）したことで、売買を判断することも多いです。たとえば、判断方法としてポピュラーな**「ゴールデンクロス」**は、「短期移動平均線が長期移動平均線を下から上にクロスした」というときに買いと判断する方法です。

　株式投資アドインでは、2つの指標のクロスがあったときに、そのことを「GC」「DC」としてワークシートに入れる機能があります。「GC」は「ゴールデンクロス（Golden Cross）」の略で、1つ目の指標が2つ目の指標を下から上に抜いたことを表します。「DC」は「デッドクロス（Dead Cross）」の略で、1つ目の指標が2つ目の指標を上から下に抜いたことを表します（図3-5）。

図3-5 ゴールデンクロスとデッドクロス

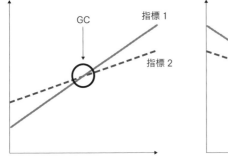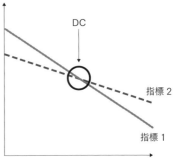

　指標のクロスを表示するには、［株式］タブの［バックテスト］部分にある**［指標のクロス］**のボタンをクリックします。すると、［指標のクロス］のダイアログボックスが開きますので、判断対象の2つの指標を選びます（図3-6）。

　たとえば、10日移動平均線と25日移動平均線のクロスを調べたい場合、ワークシートにあらかじめそれぞれの指標を求めておき、図3-6の「指標1」と「指標2」のそれぞれで「MA:10」と「MA:25」を選びます。

これで[OK]ボタンをクリックすると、2つの指標がクロスした日(週/月)に「GC」または「DC」と表示されます(図3-7)。

図3-6 クロスを判断する2つの指標を選ぶ

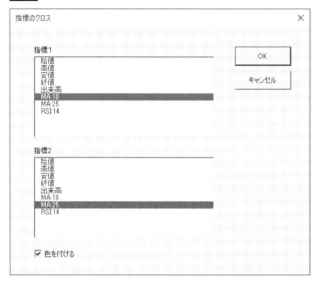

図3-7 指標がクロスした日に「GC」「DC」が表示される

指標の範囲を判断する

　指標の値がある範囲に入っているかどうかで、**売買を判断する**こともあります。たとえば、RSIで売買を判断する場合、**「RSIが70％以上なら売り」**というような判断をすることがよくあります。

　株式投資アドインでは、指標がある範囲の中／上限以上／下限以下のどの状態なのかをワークシートに入れる機能があります。ある日（週／月）の指標の値が範囲の中におさまっていれば、その日（週／月）の指標の範囲のセルには何も表示されません。範囲の上限以上のときは「↑」が表示されます。範囲の下限以下のときは「↓」が表示されます。

　指標の範囲の状況を表示するには、［株式］タブの［バックテスト］の部分にある**［指標の範囲］**のボタンをクリックします。［指標の範囲］のダイアログボックスが開きますので、範囲を調べたい指標を選び、上限と下限の値を入力します（図3-8）。

図3-8 範囲を判断する指標を選び、上限と下限を入力する

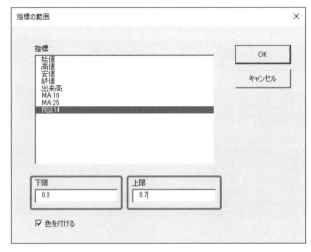

上限／下限は通常は両方入力しますが、どちらか片方だけを入力することもできます。片方だけを入力した場合は、上限以上かどうか（下限以下かどうか）だけをワークシートに入れることができます。

　指標と上限／下限を決めて［OK］ボタンをクリックすると、指標の値が上限以上になっている日（週／月）には「↑」が表示され、下限以下になっている日（週／月）には「↓」が表示されます（図3-9）。

図3-9 指標が上限以上／下限以下になっている日（週／月）には「↑」と「↓」が表示される

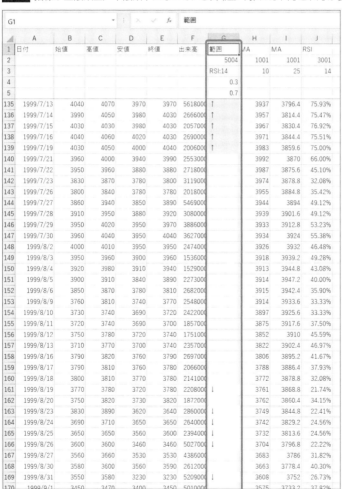

+ **Chapter 3** +

売買の条件を決める

指標の方向などのデータに基づいて、ワークシート上で売買の条件を決めていきます。この節ではその手順を解説します。

◢ IF関数の基本

売買の判断は、「○○になったら買い、□□になったら売る」というように、何らかの**条件**を元に行っていきます。バックテストを行うには、これらの売買の条件をワークシート上で表すことが必要です。

そのために「**IF**」関数を使います。

■ 売買条件の決め方

たとえば、「**ゴールデンクロスで買い、デッドクロスで売る**」という条件を考えてみましょう。この場合だと、以下のようにすれば売買のタイミングを決めることができます。

❶ 短期移動平均と長期移動平均の2つの指標をワークシートに求めます。

❷ 上記2つの指標のクロスの状況をワークシートに表示します。

❸ クロスの列の値が「GC」になっているところで買い、「DC」になっているところで売ります。

株式投資アドインのバックテストの機能では、「買い」や「売り」の条件を入力するための列を作り、条件を満たしている行に「買」「売」の値を表示するようにします。そして、その列の値を元にして売買のタイミングを決めていきます。

ただ、売買の条件の決め方は人それぞれなので、株式投資アドインで

条件を自動的に入力することはできません。条件は自分で入力します。

「条件を満たしている行に『買』の値を表示する」というように、条件によってセルに表示する値を変えたいときには、IF関数を使います。

IF関数の書き方

IF関数は以下のような書き方をします。

=IF(条件式,条件が成立したときの値,条件が成立していないときの値)

「条件式」の部分には、「セルの値が〇〇である」ということを表す式を入れます。条件式は表3-1のような書き方をします。

表3-1 IF関数で使う条件式の書き方

条件	式	例	例の意味
セルの値が〇〇である	セル番号=〇〇	A1=5	A1セルの値が5である
セルの値が〇〇ではない	セル番号<>〇〇	A1<>5	A1セルの値が5ではない
セルの値が〇〇より大きい	セル番号>〇〇	A1>5	A1セルの値が5より大きい
セルの値が〇〇より小さい	セル番号<〇〇	A1<5	A1セルの値が5より小さい
セルの値が〇〇以上	セル番号>=〇〇	A1>=5	A1セルの値が5以上
セルの値が〇〇以下	セル番号<=〇〇	A1<=5	A1セルの値が5以下

比較対象が数値の場合は、表3-1の例のように、その数値をそのまま書きます。一方、「A1セルの値が『↑』である」のように、比較対象が文字の並び（文字列）の場合は、その文字列の前後を「"」で囲み、「A1 = "↑"」のように書きます。

「条件が成立したときの値」と**「条件が成立していないときの値」**には、条件式の条件に応じてセルに表示したい値を入れます。数値を表示したい場合は、その数値をそのまま入れます。文字列を表示したい場合は、その文字列の前後を「"」で囲みます。何も表示したくない場合は、「""」

(空の文字列)を指定します。

複数の条件をすべて満たすかどうかを判断する

　テクニカル指標を使って売買を判断する場合、**1つの指標だけでなく、複数の指標を組み合わせて判断したい**こともよくあります。となると、**「複数の条件をすべて満たしたら買う(または売る)」**という形の判断が必要な場合が出てきます。

　複数の条件をすべて満たすかどうかでセルに表示する値を変えたい場合は、IF関数に**「AND」**という関数を組み合わせて以下のように書きます。

```
=IF(AND(条件式1,条件式2,……),条件が成立したときの値,条件が
    成立していないときの値)
```

　「条件式1」「条件式2」などには、判断したい条件の式を順に入れていきます。個々の条件式の書き方は前述したとおりです。

複数の条件のどれかを満たすかどうかを判断する

　複数の判断方法を組み合わせる際に、**「判断方法のどれか1つが成立すれば買う(または売る)」**という判断をすることもあります。

　複数の条件のどれかを満たすかどうかでセルに表示する値を変えたい場合は、IF関数に**「OR」**という関数を組み合わせて以下のように書きます。

```
=IF(OR(条件式1,条件式2,……),条件が成立したときの値,条件が成
    立していないときの値)
```

売買条件用の列の追加

売買の条件はIF関数で入力していきますが、その前に入力用の列をワークシートに追加します。

売買条件のタイプ

株式投資アドインでは、2つのタイプの売買条件で、バックテストを行うことができます。

1つ目は、**買いと売りの2つの条件を決めるタイプ**です。この場合、買いの条件を満たした時点で新規に買い、売りの条件を満たしたら持ち株を売るという形でバックテストを行います。また、売りの条件を満たした時点で新規に空売りを行い、次の買いの条件を満たしたところで買い戻すことも行います（図3-10）。

図3-10 買いと売りの2つの条件を決めるタイプ

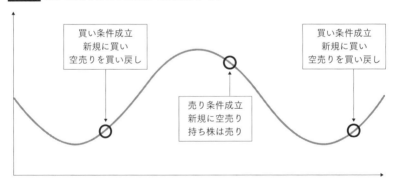

2つ目は、**買い／買い手仕舞い／空売り／空売り手仕舞いの4つの条件を決めるタイプ**です。この場合は、買いの条件を満たした時点で買い、買い手仕舞いの条件を満たしたら持ち株を売ります。また、空売りの条件を満たした時点で空売りし、空売り手仕舞いの条件を満たしたら買い戻します（図3-11）。

図3-11 買い／買い手仕舞い／空売り／空売り手仕舞いの4つの条件を決めるタイプ

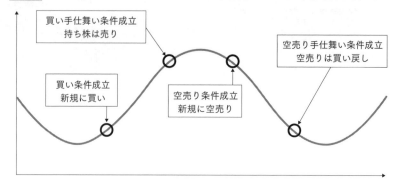

売買条件の列の追加

ワークシートに売買条件の列を追加するには、［株式］タブの［バックテスト］部分にある**［条件判断列の追加］**ボタンをクリックします。

すると、［条件判断列の追加］画面が開きます（図3-12）。売りと買いの2つの条件だけを使う場合は、「買いと売りのみ」をオンにします。一方、手仕舞いも入れた4つの条件を使いたい場合は、「買い／売り／手仕舞い」をオンにします。

図3-12 売買条件の列の追加

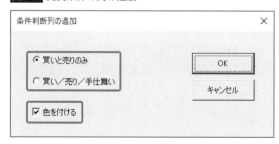

また、「色を付ける」のチェックをオンにしておくと、あとでセルに
売買条件を入力したときに、条件に応じて色を自動的に付けることがで
きます。通常は、このチェックはオンにしておくとよいでしょう。

　「買いと売りのみ」を選んだ場合、ワークシートの出来高の列の右に、
「買い」と「売り」の2つの列が追加されます。これらの列に、買い／売
りそれぞれの条件の式を入力します。
　また、「買い／売り／手仕舞い」を選んだ場合、ワークシートの出来
高の列の右に、「買い」「買い終」「売り」「売り終」の4つの列が追加され
ます。

■ 売買条件の入力

　次に、**売買の条件を表す式**を入力します。「買い」と「売り」の列には、
買い／空売りを始めるときの条件の式を入力します。また、「買い終」
と「売り終」の列には、買い／空売りを手仕舞いするときの条件の式を
入力します。
　条件の式は、各列の最初の日付の行（6行目）に入力します（➡ p.192）。
そして、入力したセルをコピーして、あとの行に貼り付けます。

　ただし、貼り付ける際には、［ホーム］タブの［貼り付け］ボタンを単
純にクリックするのではなく、**［数式のみ貼り付け］**という機能を使い
ます。［貼り付け］ボタンの「貼り付け」の文字をクリックすると、貼り
付け方を選ぶメニューが表示されますので、左上から2番目の［数式］
（「fx」のアイコン）をクリックします。
　また、貼り付け先の最後の行は、最後の日の次の行にします。たとえ
ば、株価のデータが6行目〜100行目まで入力されている場合、6行目
の売買条件のセルをコピーして、101行目まで貼り付けます。

■ 売買条件の概要の入力

　売買条件の列の3行目のセルには、その売買条件の概略を文章で入力しておくことをおすすめします（➡p.191）。

◢ 条件作成の例❶ ⇒ ゴールデンクロス／デッドクロスでの売買

　それでは、実際に条件を作る例を紹介します。まず、比較的簡単な例として、**2本の移動平均のゴールデンクロスとデッドクロスで売買する**場合を取り上げます。

　なおここでは、トヨタ自動車（7203）の1999年1月〜2018年12月の日足を元に、データを初期化した直後の状態から作業を始めることにします。バックテストの元となるサンプルファイルは、「toyota.xlsx」です。

■ 移動平均を求める

　まず、**売買の条件を明確に決めます**。短期／長期の2本の移動平均のゴールデンクロス／デッドクロスで売買する場合、その2本の移動平均の計算期間を決めます。

　いろいろな組み合わせが考えられますが、ここでは短期／長期それぞれの計算期間を、10日と25日にすることにします（図3-13）。

図3-13 10日移動平均と25日移動平均のゴールデンクロス／デッドクロスで売買する

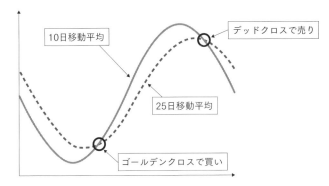

　株価データが入ったファイルを開き、日足のワークシートに切り替えます。そして、以下の手順で10日移動平均を求めます。

❶ [株式]タブの[指標計算]部分の[トレンド系]→[単純移動平均]メニューを選びます。
❷ [移動平均の計算]ダイアログボックスが開きます。
❸ [計算期間]の欄に「10」を入力し、[OK]ボタンをクリックします（図3-14）。

図3-14 10日移動平均を求める

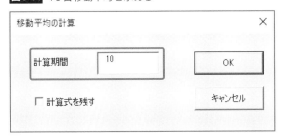

そして、同様の手順を繰り返して25日移動平均も求めます（図 3-15）。

図3-15 10日移動平均と25日移動平均を求めたところ

	A	B	C	D	E	F	G	H	I	J
1	日付	始値	高値	安値	終値	出来高	MA	MA		
2							1001	1001		
3							10	25		
4										
5										
6	1999/1/4	2950	2980	2930	2955	778000				
7	1999/1/5	2955	2955	2850	2865	1591000				
8	1999/1/6	2885	2900	2860	2880	1142000				
9	1999/1/7	3000	3020	2945	2965	2034000				
10	1999/1/8	2935	2935	2825	2850	1402000				
11	1999/1/11	2810	2810	2735	2770	1171000				
12	1999/1/12	2730	2820	2725	2755	2047000				
13	1999/1/13	2700	2720	2650	2675	2519000				
14	1999/1/14	2670	2710	2665	2700	1940000				
15	1999/1/18	2750	2850	2750	2850	1338000	2826.5			
16	1999/1/19	2850	2860	2770	2805	1051000	2811.5			
17	1999/1/20	2765	2890	2725	2890	1844000	2814			
18	1999/1/21	2900	2965	2870	2940	1702000	2820			
19	1999/1/22	2925	2965	2795	2845	2007000	2808			
20	1999/1/25	2765	2830	2750	2830	1563000	2806			
21	1999/1/26	2870	2950	2870	2920	2471000	2821			
22	1999/1/27	2960	3010	2945	2985	2086000	2844			
23	1999/1/28	3010	3040	2950	2950	1851000	2871.5			
24	1999/1/29	3040	3100	3040	3060	3518000	2907.5			
25	1999/2/1	3110	3130	2985	3010	1966000	2923.5			
26	1999/2/2	3010	3020	2980	3000	1444000	2943			
27	1999/2/3	2955	2980	2940	2940	1383000	2948			
28	1999/2/4	2960	3020	2915	2945	1353000	2948.5			
29	1999/2/5	2940	3000	2925	2970	2230000	2961			
30	1999/2/8	2985	3030	2975	3010	1886000	2979	2894.6		

ゴールデンクロス／デッドクロスした日を表示

次に、10日移動平均と25日移動平均がゴールデンクロス／デッドクロスした日を、ワークシートに表示するようにします。

これは、p.176で解説した**「指標のクロスの判断」**の機能を使います。手順は以下のとおりです。

188

❶ [株式] タブの [バックテスト] 部分にある [指標のクロス] をクリックします。
❷ [指標のクロス] ダイアログボックスが開きます。
❸ [指標1] の欄で「MA:10」を選びます。
❹ [指標2] の欄で「MA:25」を選びます (図3-16)。

図3-16 10日移動平均と25日移動平均のクロスを求める

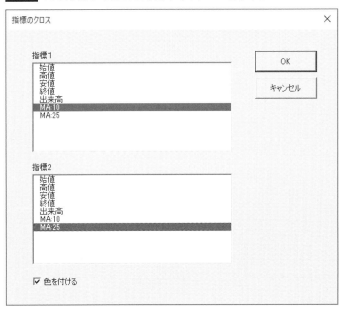

　これで、10日移動平均と25日移動平均がクロスした日に、ワークシート上で「GC」(ゴールデンクロスの場合) と「DC」(デッドクロスの場合) が表示されます (図3-17)。

図3-17 10日移動平均と25日移動平均がゴールデンクロス／デッドクロスした日に「GC」「DC」と表示される

A6				▼	:	× ✓ _fx_	1999/1/4		
	A	B	C	D	E	F	G	H	I
1	日付	始値	高値	安値	終値	出来高	クロス	MA	MA
2							5003	1001	1001
3							MA:10	10	25
4							MA:25		
5									
84	1999/4/27	3550	3620	3520	3570	2725000		3578	3535.6
85	1999/4/28	3590	3610	3450	3470	1903000		3558	3552
86	1999/4/30	3490	3490	3390	3390	1749000	DC	3544	3564
87	1999/5/6	3490	3610	3450	3610	3115000		3542	3573.6
88	1999/5/7	3590	3600	3450	3480	3033000		3524	3579.2
89	1999/5/10	3480	3520	3450	3470	1261000		3501	3582
90	1999/5/11	3500	3520	3440	3440	1686000		3493	3582.4
91	1999/5/12	3440	3500	3440	3500	2596000		3493	3576.8
92	1999/5/13	3460	3460	3390	3420	1433000		3485	3564.8
93	1999/5/14	3430	3430	3370	3380	2295000		3473	3550.8
94	1999/5/17	3330	3340	3270	3280	2180000		3444	3529.6
95	1999/5/18	3300	3410	3270	3390	2736000		3436	3514
96	1999/5/19	3290	3310	3150	3250	3936000		3422	3492.8
97	1999/5/20	3290	3360	3270	3320	1875000		3393	3482.4
98	1999/5/21	3350	3370	3280	3330	2322000		3378	3480.4
99	1999/5/24	3330	3330	3220	3330	1973000		3364	3473.6
100	1999/5/25	3280	3380	3280	3380	2750000		3358	3462
101	1999/5/26	3340	3370	3300	3320	1421000		3340	3453.6
102	1999/5/27	3340	3340	3270	3320	1225000		3330	3441.2
103	1999/5/28	3290	3300	3240	3300	1557000		3322	3426.8
104	1999/5/31	3310	3340	3230	3230	1907000		3317	3408
105	1999/6/1	3260	3340	3240	3340	2791000		3312	3400.8
106	1999/6/2	3390	3470	3380	3440	3939000		3331	3398.4
107	1999/6/3	3500	3500	3440	3440	2206000		3343	3396
108	1999/6/4	3470	3470	3350	3430	1286000		3353	3393.2
109	1999/6/7	3430	3520	3400	3500	2301000		3370	3390.4
110	1999/6/8	3530	3580	3510	3580	2195000		3390	3394.8
111	1999/6/9	3550	3630	3540	3580	3324000	GC	3416	3402.4
112	1999/6/10	3580	3660	3570	3630	2598000		3447	3403.2

売買条件の列を追加する

次に、売買条件を表示するための列を追加します。

[株式]タブの[バックテスト]のところで[条件判断列の追加]をクリックし、[条件判断列の追加]ダイアログボックスを開きます。

いま取り上げている例は、**「ゴールデンクロスで買う、デッドクロスで売る」**条件であり、手仕舞いの条件はありません。したがって、「買いと売りのみ」をオンにして、[OK]ボタンをクリックします(図3-18)。

図3-18 売買条件の列を追加

これで、G列とH列に「買い」と「売り」の列ができます。これらの列に売買条件を入力します。また、これらの列の3行目のセルには、売買条件の概要を入力しておきます。いま取り上げている例だと、G3セルには「GCで買い」、H3セルには「DCで売り」といった文言を入れておくとよいでしょう(図3-19)。

図3-19 売買条件の列が追加されたら概要を入力しておく

買い条件の式を入力する

次に、買い条件を表す式を入力します。

いまの時点では、買い条件はG列に入力する状態になっています。G列の中で、最初の株価が入っている行のセル(G6セル)に、条件の式を入力します。

買いの条件は、「**10日移動平均と25日移動平均がゴールデンクロスしたら**」です。これらの移動平均のクロスは、p.188の「ゴールデンクロス／デッドクロスした日を表示」の手順によって、I列に求められています。

I列の中で、G6セルと同じ行(I6セル)の値が「GC」になっていればゴールデンクロスしていることになりますので、買いになります。一方、I6セルの値が「GC」でなければ、買いではありません。したがって、G6セルに以下の式を入力します(図3-20)。

```
=IF(I6="GC","買","")
```

図3-20 G6セルに買い条件の式を入力したところ

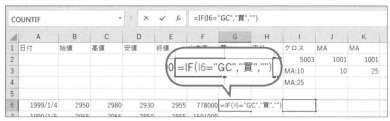

売り条件の式を入力する

買い条件と同様の考え方で、売り条件の式も入力します。

いまの時点では、売り条件の式はH列に入力するようになっています。また、移動平均のクロスはI列に求められています。

式は、H列の最初の日の行(H6セル)に入力します。I6セルの値が

「DC」になっていればデッドクロスなので、H6セルに「売」と表示されるようにします。一方、I6セルの値が「DC」でなければ、H6セルには何も表示しません。したがって、H6セルには以下の式を入力します（図3-21）。

```
=IF(I6="DC","売","")
```

図3-21 H6セルに売り条件の式を入力したところ

売買条件のセルを残りの行にコピーする

次に、売買条件のセルをコピーして、ワークシートの残りの行に貼り付けます。

いまの時点では、売買の条件はG6セルとH6セルに入っています。この2つのセルをコピーして、G／H列の7行目以降に貼り付けます。ただし、セルの数式だけを貼り付け、また最後の株価が入っている行のさらに次の行まで貼り付けます。

サンプルの「toyota.xlsx」だと、株価のデータは4916行目まで入力されています。この場合だと、G6／H6セルをコピーしたあと、G7～H4917セルまで数式のみ貼り付けます（➡p.185）。

ここまでで、売買条件の入力は終わりです。ワークシートをスクロールして、ゴールデンクロスした日（I列に「GC」と表示されている行）で、G列に「買」と表示されていることを確認します。また、デッドクロスした日（I列に「DC」と表示されている行）で、H列に「売」と表示されて

いることを確認します（図3-22）。

図3-22 売買条件の入力が終わったところ（G列とH列に「買」「売」と正しく表示されていることを確認）

	AB115			▼	⋮	×	✓	fx		
	A	B	C	D	E	F	G	H	I	J	K
1	日付	始値	高値	安値	終値	出来高	買い	売り	クロス	MA	MA
2							5101	5102	5003	1001	1001
3									MA:10	10	25
4									MA:25		
5											
85	1999/4/28	3590	3610	3450	3470	1903000				3558	3552
86	1999/4/30	3490	3490	3390	3390	1749000		売	DC	3544	3564
87	1999/5/6	3490	3610	3450	3610	3115000				3542	3573.6
88	1999/5/7	3590	3600	3450	3480	3033000				3524	3579.2
89	1999/5/10	3480	3520	3450	3470	1261000				3501	3582
90	1999/5/11	3500	3520	3440	3440	1686000				3493	3582.4
91	1999/5/12	3440	3500	3440	3500	2596000				3493	3576.8
92	1999/5/13	3460	3460	3390	3420	1433000				3485	3564.8
93	1999/5/14	3430	3430	3370	3380	2295000				3473	3550.8
94	1999/5/17	3330	3340	3270	3280	2180000				3444	3529.6
95	1999/5/18	3300	3410	3270	3390	2736000				3436	3514
96	1999/5/19	3290	3310	3150	3250	3936000				3422	3492.8
97	1999/5/20	3290	3360	3270	3320	1875000				3393	3482.4
98	1999/5/21	3350	3370	3280	3330	2322000				3378	3480.4
99	1999/5/24	3330	3330	3220	3330	1973000				3364	3473.6
100	1999/5/25	3280	3380	3280	3380	2750000				3358	3462
101	1999/5/26	3340	3370	3300	3320	1421000				3340	3453.6
102	1999/5/27	3340	3340	3270	3320	1225000				3330	3441.2
103	1999/5/28	3290	3300	3240	3300	1557000				3322	3426.8
104	1999/5/31	3310	3340	3230	3230	1907000				3317	3408
105	1999/6/1	3260	3340	3240	3340	2791000				3312	3400.8
106	1999/6/2	3390	3470	3380	3440	3939000				3331	3398.4
107	1999/6/3	3500	3500	3440	3440	2206000				3343	3396
108	1999/6/4	3470	3470	3350	3430	1286000				3353	3393.2
109	1999/6/7	3430	3520	3400	3500	2301000				3370	3390.4
110	1999/6/8	3530	3580	3510	3580	2195000				3390	3394.8
111	1999/6/9	3550	3630	3540	3580	3324000	買		GC	3416	3402.4
112	1999/6/10	3580	3660	3570	3630	2598000				3447	3403.2

条件作成の例❷ ⇒ 乖離率での手仕舞いを追加

今度は、**買いと売りだけでなく、手仕舞いの条件も入れてみます**。例として、以下のような条件で売買することにします。

❶ 10日移動平均と25日移動平均がゴールデンクロスしたら買い
❷ ❶のあと、10日移動平均からの乖離率が10％以上になったら手仕舞い(売り)
❸ 10日移動平均と25日移動平均がデッドクロスしたら空売り
❹ ❸のあと、10日移動平均からの乖離率が−10％以下になったら手仕舞い(買い戻し)

買いから手仕舞いまでの条件を図で表すと、図3-23のようになります。また、売り条件は買い条件を逆にした形になります。なお、データを初期化した直後の状態から、作業を始めることにします。

図3-23 買いと手仕舞い売りの条件

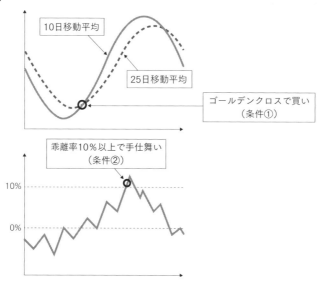

移動平均の計算

まず、10日移動平均と25日移動平均を求めます。この手順は、p.186の「移動平均を求める」と同じですので、そちらを参照してください。

乖離率の計算

移動平均の次に、10日移動平均からの乖離率を求めます。これは以下の手順で行うことができます。

❶ ［株式］タブの［指標計算］部分の［オシレータ系］→［乖離率］メニューを選びます。
❷ ［乖離率の計算］ダイアログボックスが開きます。
❸ ［計算期間］の欄に「10」を入力し、［OK］ボタンをクリックします。

これで、I列に乖離率が求められます（図3-24）。

図3-24 乖離率を求めたところ

	A	B	C	D	E	F	G	H	I
	日付	始値	高値	安値	終値	出来高	MA	MA	乖離率
2							1001	1001	2001
3							10	25	10
4									
5									
6	1999/1/4	2950	2980	2930	2955	778000			
7	1999/1/5	2955	2955	2850	2865	1591000			
8	1999/1/6	2885	2900	2860	2880	1142000			
9	1999/1/7	3000	3020	2945	2965	2034000			
10	1999/1/8	2935	2935	2825	2850	1402000			
11	1999/1/11	2810	2810	2735	2770	1171000			
12	1999/1/12	2730	2820	2725	2755	2047000			
13	1999/1/13	2700	2720	2650	2675	2519000			
14	1999/1/14	2670	2710	2665	2700	1940000			
15	1999/1/18	2750	2850	2750	2850	1338000	2826.5		0.83%
16	1999/1/19	2850	2860	2770	2805	1051000	2811.5		-0.23%
17	1999/1/20	2765	2890	2725	2890	1844000	2814		2.70%

セル I15 の数式バー: `0.831416946753936%`

ゴールデンクロス／デッドクロスした日を表示

次に、10日移動平均と25日移動平均がゴールデンクロス／デッドクロスした日を、ソークシートに表示するようにします。

この手順は、p.188の「ゴールデンクロス／デッドクロスした日を表示」と同じですので、そちらを参照してください。

乖離率の範囲を表示

いま取り上げている条件では、**乖離率が+10％以上と−10％以下になったときに手仕舞いを行う**形になります。そこで、乖離率の範囲を表示するようにして、乖離率が+10％以上か−10％以下の日に目印をつけるようにします。

これは、株式投資アドインの[指標の範囲]の機能で行うことができます（➡p.178）。いま取り上げている例だと、以下のように操作します。

❶ [株式]タブの[バックテスト]部分の[指標の範囲]ボタンをクリックします。

❷ [指標の範囲]ダイアログボックスが開きます。

❸ [指標]の欄で「乖離率:10」を選びます。

❹ [下限][上限]の欄に、それぞれ「−0.1」と「0.1」を入力します（図3-25）。

❺ [OK]ボタンをクリックします。

ここまで終えると、H列に乖離率の範囲の状態が追加されます。乖離率が10％以上になっている日には、「↑」の文字が表示されます。乖離率が−10％以下になっている日には、「↓」の文字が表示されます（図3-26）。

197

図3-25 乖離率の範囲を表示する

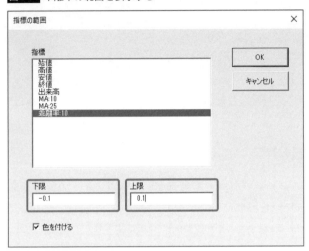

図3-26 乖離率が10%以上か-10%以下の日には、H列に「↑」か「↓」が表示される

	A	B	C	D	E	F	G	H	I	J	K
1	日付	始値	高値	安値	終値	出来高	クロス	範囲	MA	MA	乖離率
2							5003	5004	1001	1001	2001
3							MA:10	乖離率:10	10	25	10
4							MA:25	-0.1			
5								0.1			
669	2001/9/10	3660	3750	3640	3640	4602200			3676	3820.4	-0.98%
670	2001/9/11	3660	3680	3620	3650	4340000			3666	3803.6	-0.44%
671	2001/9/12	3420	3520	3400	3400	4668500			3641	3776.8	-6.62%
672	2001/9/13	3350	3410	3160	3210	8729700		↓	3597	3744.8	-10.76%
673	2001/9/14	3100	3230	3090	3200	10442300		↓	3556	3712.4	-10.01%
674	2001/9/17	3100	3190	3030	3190	9867900			3518	3680	-9.32%
675	2001/9/18	3200	3300	3140	3180	9151800			3465	3646.8	-8.23%
676	2001/9/19	3160	3230	3100	3140	5959100			3406	3612.4	-7.81%
677	2001/9/20	3040	3050	2915	2940	9557000		↓	3325	3574	-11.58%
678	2001/9/21	2780	2820	2665	2760	10282800		↓	3231	3531.2	-14.58%
679	2001/9/25	2950	3010	2880	2970	6335200			3164	3498	-6.13%
680	2001/9/26	2930	2945	2815	2850	5703700			3084	3460	-7.59%
681	2001/9/27	2920	2975	2885	2945	3914700			3038.5	3425.8	-3.08%
682	2001/9/28	3070	3130	3040	3060	5721000			3023.5	3395.4	1.21%
683	2001/10/1	3190	3280	3110	3260	5781400			3029.5	3372.2	7.61%
684	2001/10/2	3250	3380	3160	3380	4236500		↑	3048.5	3355.8	10.87%
685	2001/10/3	3350	3420	3220	3220	6210200			3052.5	3334.6	5.49%

売買条件の列を追加する

次に、売買条件を表示するための列を追加します。

[株式]タブの[バックテスト]のところで、[条件判断列の追加]ボタンをクリックし、[条件判断列の追加]ダイアログボックスを開きます。

いま取り上げている例では、手仕舞いの条件も使いますので、「買い／売り／手仕舞い」をオンにして、[OK]ボタンをクリックします。

これで、G列～J列に売買条件の列が追加されます。それぞれの列の3行目のセルに、条件の概要を入力しておきます(図3-27)。

図3-27 売買条件の列が追加されたら、各条件の概要を入力しておく

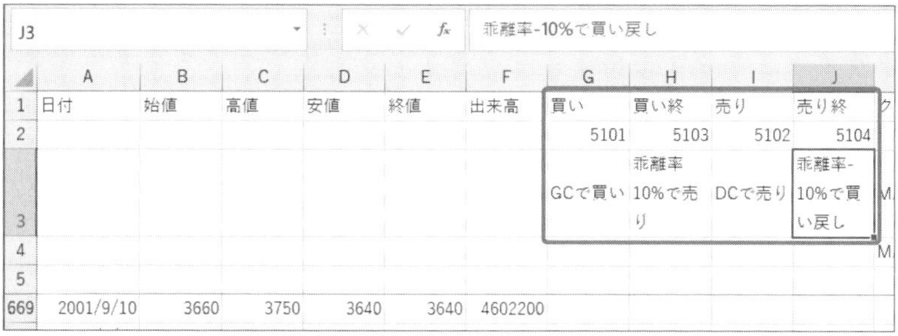
J3 | 乖離率-10%で買い戻し

	A	B	C	D	E	F	G	H	I	J	
1	日付	始値	高値	安値	終値	出来高	買い	買い終	売り	売り終	ク
2							5101	5103	5102	5104	
3							GCで買い	乖離率10%で売り	DCで売り	乖離率-10%で買い戻し	M
4											M
5											
669	2001/9/10	3660	3750	3640	3640	4602200					

買い条件／売り条件の入力

次に、買い条件と売り条件を表す式を入力します。

いま取り上げている例では、買い条件は**「10日移動平均と25日移動平均がゴールデンクロスしたら」**です。また、売り条件は**「10日移動平均と25日移動平均がデッドクロスしたら」**です。

これは、p.192の例❶の場合と同じ考え方で式を作ることができます。ただし、移動平均のゴールデンクロス／デッドクロスの情報は、K列に求められていますので、それに合わせて式を変えます。具体的には、最初の日の買い条件と売り条件のセル(G6セルとI6セル)に、以下の式を入力します(図3-28)。

G6セル

```
=IF(K6="GC","買","")
```

I6セル

```
=IF(K6="DC","売","")
```

図3-28 買い条件の入力

買いの手仕舞い条件の入力

次に、「買い終」の列（H列）に、買いを手仕舞いするときの条件の式を入力します。

いま取り上げている例では、買いを手仕舞いするのは、**乖離率が+10％以上になったとき**です。そこで、この条件を満たしたときに、「買い終」列のセルに「売」と表示するようにします。

乖離率が10％以上になっているかどうかは、「範囲」の列（L列）の値が「↑」になっているかどうかで判断できます。これをIF関数で表して、最初の日の「買い終」のセル（H6セル）に、以下の式を入力します（図3-29）。

```
=IF(L6="↑","売","")
```

図3-29 買いの手仕舞い条件の入力

空売りの手仕舞い条件の入力

次に、空売りを手仕舞いするときの条件の式を入力します。

これは、買いの手仕舞いのときと同じように考えることができます。H6セルの式の「↑」と「売」を、それぞれ「↓」と「買」に変えれば、手仕舞いの条件を表すことができます。

そこで、最初の日の「売り終」のセル(J6セル)に、以下の式を入力します。

```
=IF(L6="↓","買","")
```

売買条件のセルを残りの行にコピーする

最後に、売買と手仕舞いの条件のセルをコピーして、ワークシートの残りの行に貼り付けます。

G6〜J6セルをコピーして、その下の行から最後の日の次の行まで貼り付けます。貼り付ける際には、数式のみ貼り付けます(➡p.185)。たとえば、株価が100行目まで入力されているなら、G7〜J101セルまで数式のみ貼り付けます。

ここまでで売買条件の入力は終わりです。ワークシートをスクロールしながらG列〜J列を見て、条件どおりに「買」と「売」が表示されていることを確認します(図3-30)。

図3-30 G列～J列に売買の条件が正しく表示されていることを確認する

Q670

	A	B	C	D	E	F	G	H	I	J	K	L	M	N	O
1	日付	始値	高値	安値	終値	出来高	買い	買い終	売り	売り終	クロス	範囲	MA	MA	乖離率
2							5101	5103	5102	5104	5003	5004	1001	1001	2001
3							GCで買い	乖離率10%で売り	DCで売り	乖離率-10%で買い戻し	MA:10	乖離率:10	10	25	10
4											MA:25	-0.1			
5												0.1			
670	2001/9/11	3660	3680	3620	3650	434000							3666	3803.6	-0.44%
671	2001/9/12	3420	3520	3400	3400	466850							3641	3776.8	-6.62%
672	2001/9/13	3350	3410	3160	3210	872970				買		↓	3597	3744.8	-10.76%
673	2001/9/14	3100	3230	3090	3200	1044230				買		↓	3556	3712.4	-10.01%
674	2001/9/17	3100	3190	3030	3190	986790							3518	3680	-9.32%
675	2001/9/18	3200	3300	3140	3180	915180							3465	3646.8	-8.23%
676	2001/9/19	3160	3230	3100	3140	595910							3406	3612.4	-7.81%
677	2001/9/20	3040	3050	2915	2940	955700				買		↓	3325	3574	-11.58%
678	2001/9/21	2780	2820	2665	2760	1028280				買		↓	3231	3531.2	-14.58%
679	2001/9/25	2950	3010	2880	2970	633520							3164	3498	-6.13%
680	2001/9/26	2930	2945	2815	2850	570370							3084	3460	-7.59%
681	2001/9/27	2920	2975	2885	2945	391470							3038.5	3425.8	-3.08%
682	2001/9/28	3070	3130	3040	3060	572100							3023.5	3395.4	1.21%
683	2001/10/1	3190	3280	3110	3260	578140							3029.5	3372.2	7.61%
684	2001/10/2	3250	3380	3160	3380	423650		売				↑	3048.5	3355.8	10.87%
685	2001/10/3	3350	3420	3220	3220	621020							3052.5	3334.6	5.49%
686	2001/10/4	3380	3390	3330	3370	659940							3075.5	3323.4	9.58%
687	2001/10/5	3390	3400	3330	3400	392390							3121.5	3313.4	8.92%
688	2001/10/9	3380	3380	3170	3190	546130							3164.5	3296.6	0.81%
689	2001/10/10	3210	3240	3160	3160	369280							3183.5	3280.2	-0.74%
690	2001/10/11	3210	3250	3180	3250	552780							3223.5	3261.8	0.82%
691	2001/10/12	3300	3300	3210	3250	674260	買				GC		3254	3242.6	-0.12%
692	2001/10/15	3200	3210	3140	3170	346740							3265	3219.4	-2.91%
693	2001/10/16	3140	3140	3060	3100	495170							3249	3195.4	-4.59%
694	2001/10/17	3100	3100	3060	3070	377530							3218	3172.6	-4.60%
695	2001/10/18	3060	3070	3030	3060	544290							3202	3149	-4.43%
696	2001/10/19	3050	3060	3020	3020	308690							3167	3133.8	-4.64%
697	2001/10/22	3030	3050	3000	3030	302900							3130	3126.6	-3.19%
698	2001/10/23	3100	3110	3040	3090	820710			売		DC		3120	3122.2	-0.96%
699	2001/10/24	3090	3140	3050	3140	967830							3118	3120.2	0.71%

＋ Chapter 3 ＋

バックテストを行う

この節と次の節では、バックテストのやり方を解説します。まず、バックテストを1回だけ行う方法から始めます。

◢ バックテストの始め方

バックテストを始めるには、まず前の節までの手順で、ワークシートに指標や売買条件を求めておきます。そして、そのワークシートがアクティブになっている状態で、[株式]タブの[バックテスト]部分にある**[バックテスト(1回)]** のボタンをクリックします。すると、[バックテスト]のダイアログボックスが開きます(図3-31)。以下の各項目を設定して、[OK]ボタンをクリックすると、バックテストが始まります。

図3-31 [バックテスト]ダイアログボックス

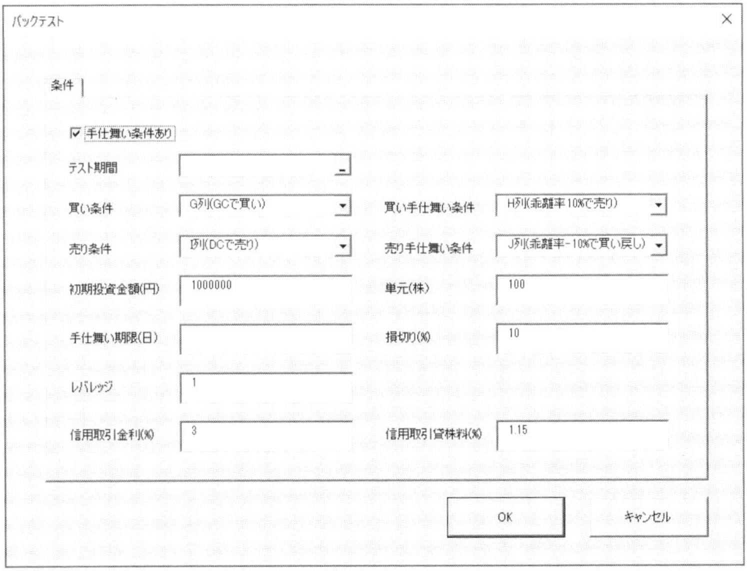

バックテスト			×
条件			
☑ 手仕舞い条件あり			
テスト期間			
買い条件	G列(GCで買い)	買い手仕舞い条件	H列(乖離率10%で売り)
売り条件	I列(DCで売り)	売り手仕舞い条件	J列(乖離率-10%で買い戻し)
初期投資金額(円)	1000000	単元(株)	100
手仕舞い期限(日)		損切り(%)	10
レバレッジ	1		
信用取引金利(%)	3	信用取引貸株料(%)	1.15

OK　　キャンセル

203

■ ❶ 手仕舞い条件

株式投資アドインでは、バックテストの方法として、手仕舞い条件が
ある場合とない場合の2種類に対応しています（➡p.183）。

ダイアログボックスの先頭にある「手仕舞い条件あり」のチェック
ボックスで、手仕舞い条件があるかどうかを設定します。手仕舞い条件
を使わない場合は、チェックをオフにします。

■ ❷ テスト期間

ワークシート上の株価データをすべて使ってバックテストすることも
できます。ただ、**長期間のデータを使っても、過去と今とでは株価の動
き方が違っていることもあり、あまり意味がない**こともあります。

そこで、[テスト期間]の欄を使って、バックテストに使うデータの
範囲を指定することができます。この欄を空欄にした場合は、ワーク
シート上のすべてのデータを使ってバックテストを行います。

一方、一部の期間のデータだけでバックテストしたい場合、この欄を
クリックしたあと、ワークシート上の「日付」の列で、バックテストし
たい範囲をドラッグして選択します。

■ ❸ 買い条件／売り条件

[買い条件]と[売り条件]の欄では、売買の条件を入力した列を選び
ます。売買条件の列に、その条件の概要を入力しておけば、選択肢に列
名と概要の両方が表示されますので、条件を選びやすくなります。

■ ❹ 買い手仕舞い条件／売り手仕舞い条件

「手仕舞い条件あり」のチェックボックスをオンにしている場合、[買
い手仕舞い条件]と[売り手仕舞い条件]の欄で、手仕舞いの条件を入力
した列を選びます。

■ ❺ 初期投資金額

最初の時点でいくら投資するかを入力します。初期値は100万円に
なっています。

204

なお、初期投資金額の初期値は変えることができます。［株式］タブの［設定］部分にある［設定］ボタンをクリックして［設定］のダイアログボックスを開き、［バックテスト］のタブをクリックすると、初期投資金額の初期値を設定する欄がありますので、そこで金額を変えます（図3-32）。

図3-32 初期投資金額の設定

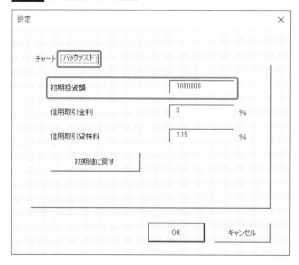

❻ 単元（株）

　1単元の株数を入力します。現在では**通常の銘柄は1単元が100株**なので、初期値は100になっています。

　ただし、ETFやREITでは1単元が1株や10株のものがあります。ETFやREITのバックテストを行いたい場合は、その銘柄の単元を入力してください。

❼ 手仕舞い期限（日）

　買ってから**一定期間たったら、売り条件（または買い手仕舞い条件）を満たしていなくても売りたい場合**は、［手仕舞い期限（日）］の欄にその日数を入力します。

また、この欄に日数を入力した場合は、空売りしてからその日数が経過した時点でも、買い戻し条件（または空売り手仕舞い条件）を満たしていなくても買い戻しします。

　この欄を空欄にしておけば、条件を満たすまで反対売買は行いません。

■ ❽ 損切り（%）

　含み損が一定の割合に達した時点で、自動的に損切りするようになっています。その含み損の割合を入力します。初期値は「10」になっていて、含み損が10％に達したら損切りします。

■ ❾ レバレッジ／信用取引金利（%）／信用取引貸株料（%）

　信用取引のテストで使います。p.234で詳しく解説します。

◢ バックテストの結果の見方（個々の売買の部分）

　しばらくすると、バックテストが終わって結果が表示されます。まず、個々の売買の結果の部分（A列～R列、図3-33）の見方を説明します。

図3-33 バックテストの結果の例（個々の売買の結果の部分）

	売買	開始日	開始株価	終了日	終了株価	終了条件	構益	金利／貸株料（売買両方）	金利／貸株料（売/買片方）	利益額（売買両方）	利益額（売/買片方）	利益率（売買両方）	利益率（売/買片方）	株数（売買両方）	株数（売/買片方）	残高（売買両方）	残高（買のみ）	残高（売のみ）
1																		
2																1000000	1000000	1000000
3	売	1999/5/6	3490	1999/6/10	3580	未手仕舞	×	792	792	-18792	-18792	-1.88%	-1.88%	200	200	981206	1000000	981206
4	買	1999/6/10	3580	1999/8/3	3950	未手仕舞	○	0	0	74000	74000	7.54%	7.40%	200	200	1055208	1074000	981206
5	売	1999/8/3	3950	1999/9/1	3450	通常	○	747	747	99253	99253	9.41%	10.12%	200	200	1154461	1074000	1080461
6	買	1999/10/14	3450	1999/12/7	3510	未手仕舞	○	0	0	18000	18000	1.56%	1.68%	300	300	1172461	1092000	1080461
7	売	1999/12/7	3510	1999/12/15	3940	損切り	×	299	299	-129299	-129299	-11.03%	-11.97%	300	300	1043162	1092000	951162
8	買	1999/12/16	3940	2000/1/21	4500	通常	○	0	0	112000	112000	10.74%	10.26%	200	200	1155162	1204000	951162
9	売	2000/1/21	4500	2000/2/7	4800	未手仕舞	×	511	511	-60511	-60511	-5.24%	-6.36%	200	200	1094651	1204000	890651
10	買	2000/2/7	4800	2000/2/25	4540	未手仕舞	×	0	0	-52000	-52000	-4.75%	-4.32%	200	200	1042651	1152000	890651
11	売	2000/2/25	4540	2000/3/17	4950	未手仕舞	¥	630	315	-82630	-41315	-7.92%	-4.64%	200	100	960021	1152000	849336
12	買	2000/3/17	4950	2000/5/15	5250	未手仕舞	○	0	0	30000	60000	3.12%	5.21%	100	200	990021	1212000	849336

206

売買（A列）

「買」になっている行は、買いから売りまでを行ったことを意味します。「売」になっている行は、空売りから買い戻しまでを行ったことを意味します。

開始日（B列）／開始株価（C列）／終了日（D列）／終了株価（E列）

売買を行った際の日付と株価を表します。

「買」になっている行の場合、開始日／開始株価は買った日とその株価で、終了日／終了株価は売った日とその株価です。

「売」になっている行の場合は、開始日／開始株価は空売りした日とその株価で、終了日／終了株価は買い戻した日とその株価です。

たとえば、図3-33の3行目の場合だと、1999年5月6日に3,490円で空売りし、1999年6月10日に3,580円で買い戻したことを意味しています。

終了条件（F列）

取引を終えた（買った株を売った／空売りした株を買い戻した）ときの条件を表します。

手仕舞い条件を指定していない場合は、**「通常」**か**「損切り」**が表示されます。「通常」は、条件に沿って買いから売りまで（または空売りから買い戻しまで）を行ったことを意味します。「損切り」は、含み損が拡大したために途中で損切りしたことを意味します。

また、手仕舞い条件を指定した場合は、「通常」「損切り」の他に**「未手仕舞」**が表示されることもあります。これは、以下のどちらかの場合を意味します。

- 買ったものの、そのあとに手仕舞い条件が成立しないまま、空売り条件が成立した
- 空売りしたものの、そのあとに手仕舞い条件が成立しないまま、買い条件が成立した

たとえば、売買条件を以下のようにしているとします。

- 10日／25日の2つの移動平均がゴールデンクロスしたら買い
- 乖離率が10％以上になったら手仕舞い売り
- 10日／25日の2つの移動平均がデッドクロスしたら空売り
- 乖離率が−10％以下になったら手仕舞いの買い戻し

　この場合、移動平均がゴールデンクロスしたあと、乖離率が10％になることがないままにデッドクロスすると、買いの手仕舞い条件が成立しないままに、空売りの条件が成立します（図3-34）。このような状況になった場合に、「終了条件」列（F列）に「未手仕舞」と表示されます。

図3-34 手仕舞い条件を満たす前に反対売買条件を満たした場合は、「未手仕舞」として取引を終える

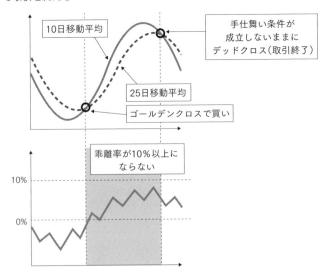

ここで、p.206に示した図3-33を再掲します。

図3-33 バックテストの結果の例（再掲）

バックテスト結果

	A	B	C	D	E	F	G	H	I	J	K	L	M	N	O	P	Q	R
1	売買	開始日	開始株価	終了日	終了株価	終了条件	損益	金利／貸株料（売買両方）	金利／貸株料（売/買片方）	利益額（売買両方）	利益額（売/買片方）	利益率（売買両方）	利益率（売/買片方）	株数（売買両方）	株数（売/買片方）	残高（売買両方）	残高（買のみ）	残高（売のみ）
2																1000000	1000000	1000000
3	売	1999/5/6	3490	1999/6/10	3580	未手仕舞	×	792	792	-18792	-18792	-1.88%	-1.88%	200	200	981208	1000000	981208
4	買	1999/6/10	3580	1999/8/3	3950	未手仕舞	○	0	0	74000	74000	7.54%	7.40%	200	200	1055208	1074000	981208
5	売	1999/8/3	3950	1999/9/1	3450	通常	○	747	747	99253	99253	9.41%	10.12%	200	200	1154461	1074000	1080461
6	買	1999/10/14	3450	1999/12/7	3510	未手仕舞	○	0	0	18000	18000	1.56%	1.68%	300	300	1172461	1092000	1080461
7	売	1999/12/7	3510	1999/12/15	3940	損切り	×	299	299	-129299	-129299	-11.03%	-11.97%	300	300	1043162	1092000	951162
8	買	1999/12/16	3940	1999/12/17	4500	通常	○	0	0	112000	112000	10.74%	10.26%	200	200	1155162	1204000	951162
9	売	2000/1/21	4500	2000/2/7	4800	未手仕舞	×	511	511	-60511	-60511	-5.24%	-6.36%	200	200	1094651	1204000	890651
10	買	2000/2/7	4800	2000/2/25	4540	未手仕舞	×	0	0	-52000	-52000	-4.75%	-4.32%	200	200	1042651	1152000	890651
11	売	2000/2/25	4540	2000/3/17	4950	未手仕舞	×	630	315	-82630	-41315	-7.92%	-4.64%	200	100	960021	1152000	849336
12	買	2000/3/17	4950	2000/5/15	5250	未手仕舞	○	0	0	30000	60000	3.12%	5.21%	100	200	990021	1212000	849336

損益（G列）

個々の売買で、利益／損失／損益0のいずれかになったかを表します。「○」は利益、「×」は損失、「△」は損益0を意味します。

金利／貸株料（H／I列）

信用取引の費用です。p.234で説明します。

利益額（J／K列）

個々の売買での損益の額を表します。プラスは利益、マイナスは損失を表します。

J列の**「売買両方」**は、買いと空売りの両方を行った場合の利益を表します。一方、K列の**「売／買片方」**は、買いか空売りのどちらかだけを行った場合の利益を表します。

買い／空売りの両方を行う場合と、片方しか行わない場合とでは、残高の変化の仕方が違ってきます。そのため、買い／空売りの両方を行う場合の利益と、買い／空売りの片方だけを行う場合の利益を分けて表示します。

利益率（L／M列）

　個々の売買での利益率を表します。プラスは利益、マイナスは損失を表します。「利益額」の列と同様に、買い／空売りの両方を行う場合と、片方だけを行う場合とで分けて表示します。

株数（N／O列）

　個々の売買で取引した株数を表します。これも、買い／空売り両方を行う場合と、片方しか行わない場合とで残高の変化の仕方が違うため、2つの場合に分けて表示します。

残高（P〜R列）

　売買を続けた場合の残高が表示されます。P列の「売買両方」は、買いと空売りの両方を行った場合の残高です。Q列の「買のみ」は、買いだけを行った場合の残高です。R列の「売のみ」は、空売りだけを行った場合の残高です。

◢ バックテストの結果の見方（総合的な結果の部分）

　結果のワークシートのT列以降には、バックテストの初期条件（T／U列）と、**総合的な結果**（W／X／Y／Z列）が表示されます（図3-35）。X列は買いと空売りの両方を行った場合、Y列は買いだけを行った場合、Z列は空売りだけを行った場合です。

初期条件（T／U列）

　初期投資金額や1単元の株数など、最初に設定した条件が表示されます。

売買回数／利益回数／損失回数／損益0回数（X3～Z6セル）

売買を行った回数や利益が出た回数などが表示されます。

図3-35の例だと、利益の回数よりも損失の回数の方が多く、**バックテストがあまりうまくいっていない**ことがわかります。

図3-35 バックテストの結果（全体的な結果の部分）

最終金額（X7〜Z7セル）

　条件に従って売買を続けていった場合の最終的な金額が表示されます。

　図3-35の例だと、**最終的な金額は初期投資金額より大幅に減っています**。買いだけならまだましですが、空売りの結果が非常に悪いことがわかります。

利益（X8〜Z8セル）

　最終金額から初期投資金額を引いた額です。この額がプラスであれば、全体として利益になったことになります。

　図3-35の例だと、利益は大幅にマイナスになっていて、かんばしくない結果であることがわかります。

利益率（X9〜Z9セル）

　初期投資金額に対する利益の割合を表します。この値が大きいほど、大きな利益が得られたことになります。

最大損失（X10〜Z10セル）

　投資を続ける中で、**初期投資金額からもっとも残高が減った時点の金額**を表します。この額が0なら、一度も初期投資金額を下回らずに推移したことを意味します。したがって、この額がなるべく0に近いことが望ましいです。

　図3-35の例では、残高がどんどん減っているため、最大損失もかなり大きな額になっています。

最大損失率（X11〜Z11セル）

　初期投資金額からもっとも残高が減った時点での、損失の率を表します。この値が0%に近いほどよいことになります。

グラフ

　結果の数値のあとには、**残高の推移のグラフ**が表示されます。3本の線が表示され、青・オレンジ・灰色に色分けされます。青が買いと空売りを両方行った場合、オレンジが買いだけを行った場合、灰色が空売りだけを行った場合を表します。

　グラフが右肩上がりになっているほど、残高が順調に増えたことを表し、バックテストの結果がよかったことになります。逆に、右肩下がりであれば残高がどんどん減っていて、バックテストがうまくいっていないことになります。また、**残高が増えたとしても、増減が激しいようだと、あまりよい結果だとはいえません。**
　図3-35の例では、明らかに残高が右肩下がりで、まったくよくない結果であることがわかります。

+ Chapter 3 +

パラメータの最適値を探す

前の節で取り上げたバックテストの例では結果が思わしくありませんでしたが、パラメータを変えれば、結果が改善する可能性もあります。株式投資アドインでは、パラメータをいろいろと変化させつつバックテストを行うことができます。

◢ パラメータの取り方を変えながらバックテストする

　前の節で取り上げた例では、10日移動平均／25日移動平均の2つの移動平均と、10日移動平均からの乖離率を使い、買いと空売りを始めるタイミングは移動平均のゴールデンクロス／デッドクロスで判断し、手仕舞いは乖離率で判断するという形で、バックテストを行いました。

　ただ、**移動平均の計算期間の組み合わせ方は、10日と25日しかないわけではなく、さまざまな組み合わせが考えられます。** 前の節のバックテスト結果から、10日と25日の組み合わせでは結果がよくありませんでしたが、他の日数の組み合わせならもっとよい結果が得られる可能性もあります。

　また、乖離率が±10％で手仕舞いしていましたが、より高い（あるいは低い）乖離率で手仕舞いすれば、よりよい結果が得られるかもしれません。

　このように、**バックテストする際に、指標の計算期間などのパラメータをいろいろと変えてみると、よりよい結果が得られるかもしれません。**

　株式投資アドインのバックテストの機能では、パラメータを自動的に変えてバックテストを行い、その中でもっともよい結果を探す機能があります。

　変化させるパラメータは、最大で5つまで指定できます。たとえば、2つの移動平均のゴールデンクロス／デッドクロスを売買条件とする場合、パラメータとして、それぞれの移動平均の計算期間があります。こ

れらのパラメータを変化させながら、順次バックテストを行っていくことができます。

また、パラメータとは別に、**損切りする含み損の率**を順次変化させてバックテストすることもできます。

■ パラメータの範囲を広くしすぎない

ただし、5つのパラメータを変化させることができるとはいえ、5つそれぞれで変化させる範囲を広く取ると、**大量のバックテストを行うことになり、時間がかかりすぎます。**

たとえば、5つのパラメータそれぞれを10通りずつ変化させるとすると、10×10×10×10×10＝10万通りものバックテストを行うことになります。1回のバックテストに1分かかるとして、すべてのバックテストを終えるのに約70日間もかかる計算になり、現実的ではありません。

一度に複数のパラメータを変化させるのではなく、まずは1つか2つのパラメータを変化させてよい結果を探ったあと、それらのパラメータを固定して別のパラメータを変化させるようにして、**バックテストの回数を減らすようにする**ことをおすすめします。

◢ パラメータを変化させる場合のバックテストの手順

それでは、パラメータを変化させる場合のバックテストの手順を説明します。

まず、前の節と同様に、指標や売買条件をワークシートに求めておき、バックテストを始められる状態にしておきます。そして、［株式］タブの［バックテスト］部分にある［バックテスト（最適化）］ボタンをクリックします。

すると、［バックテスト］ダイアログボックスが開きます。このダイアログボックスでは、［条件］と［最適化］の2つのタブがあります。［条

件]タブの使い方は、前の節のバックテストと同じです。そして、[最適化]タブが、ここで取り上げるバックテストのキモになります(図3-36)。

　[最適化]タブの[1つ目のセル]〜[5つ目のセル]で、**パラメータを変化させる方法**を指定します。左端の[セル]の欄で、パラメータを入力しているセルを指定します。[セル]の欄をクリックしたあと、ワークシートに切り替えて、パラメータを入力しているセルをクリックします。

　そして、[セル]の欄の右の[下限][上限][増分]の3つの欄で、**パラメータを変化させる範囲**を指定します。たとえば、日足の移動平均を条件に使うとして、その計算期間を10日、15日、20日、……、45日、50日と、10日から50日まで5日刻みで変化させたいとします。この場合、[下限][上限][増分]のそれぞれの欄に、10／50／5と入力します。

図3-36 [バックテスト]ダイアログボックスの[最適化]タブ

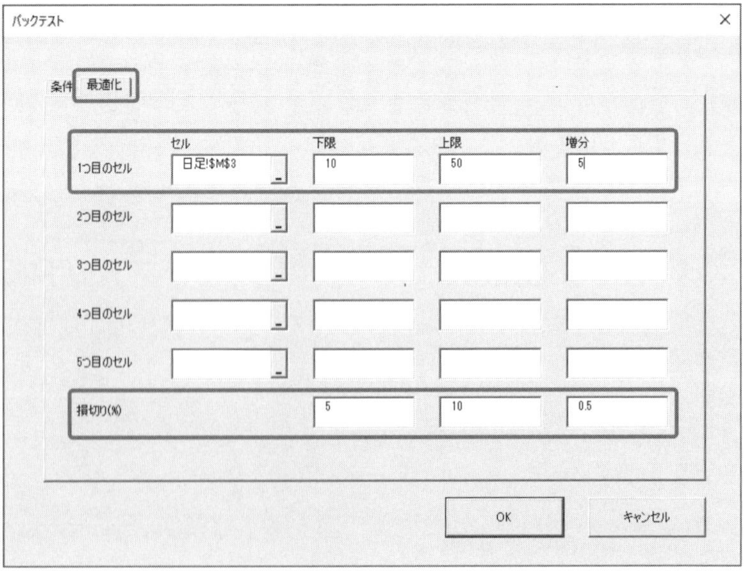

　また、損切りの条件を変化させたい場合は、[損切り(%)]部分の[下限][上限][増分]の部分で指定します。たとえば、損切りする含み損の

率を5％、5.5％、6％、……、14.5％、15％と、5％から15％まで0.5％ずつ変化させたい場合だと、［下限］［上限］［増分］のそれぞれに5／15／0.5と入力します。

◢ ［ステップ1］⇒ 2つの移動平均の計算期間の最適値を探す

パラメータを変化させながらバックテストを行う事例として、p.195の「乖離率での手仕舞いを追加」を応用して、以下のような条件を考えてみます。

❶ 短期と長期の移動平均がゴールデンクロスしたら買い
❷ ❶のあと、短期移動平均からの乖離率が一定値以上になったら手仕舞い（売り）
❸ 短期と長期の移動平均がデッドクロスしたら空売り
❹ ❸のあと、短期移動平均からの乖離率が一定値以下になったら手仕舞い（買い戻し）

この条件で売買する場合、**「短期移動平均の計算期間」「長期移動平均の計算期間」「短期移動平均からの乖離率の上限／下限」の3つのパラメータ**を変化させることで、さまざまなパターンが考えられます。それらの中から最適なパラメータの組み合わせを探してみます。

なお、バックテストの対象データは、トヨタ自動車（7203）の1999年～2018年の20年間の日足とします。

▌準備作業を行う

まず、2つの移動平均の計算期間の組み合わせの中から最適なものを探しますが、その前に準備を行っておきます。

p.195～p.202の「条件作成の例❷ ⇒ 乖離率での手仕舞いを追加」の手順をすべて行います。

そして、パラメータを変化させるために準備を行います。まず、**乖離率の計算期間は、短期移動平均の計算期間と同じなので、両者を連動させる**ようにします。手順は以下のとおりです。

❶ R3セル（「パラメータ名」の列の3行目）に「短期移動平均」と入力します。

❷ S3セル（「パラメータ値」の列の3行目）に「10」と入力します。

❸ 短期移動平均の計算期間のセル（M3セル）に「＝S3」と入力し、S3セルのパラメータ値と連動するようにします（図3-37）。

❹ 乖離率の計算期間のセル（O3セル）にも「＝S3」と入力し、S3セルのパラメータ値と連動するようにします。

　ここまでを行うと、S3セルの値を書き換えると、それに連動してM3セル（短期移動平均の計算期間）とO3セル（乖離率の計算期間）が変化するようになります。S3セルの値を変えてみて、M3セルとO3セルの値が連動して変わることを確認します。

図3-37 短期移動平均の計算期間のセル（M3セル）の値が、S3セルのパラメータ値と連動するようにする

	L	M	N	O	P	Q	R	S
1	範囲	MA	MA	乖離率			パラメータ名	パラメータ値
2	5004	1001	1001	2001			5201	5202
3	乖離率:10	=S3	25	10			短期移動平均	10
4		-0.1						
5		0.1						
		3666	3803.6	-0.44%				
		3641	3776.9	-6.60%				

　また、**長期移動平均の計算期間は、短期移動平均より長くする**必要があります。そこで、長期移動平均の計算期間が「短期移動平均の計算期間＋追加の日数」という形になるようにします。この手順は以下のとお

りです。

❶ R4セル（「パラメータ名」の列の4行目）に「長期移動平均の差分」と
入力します。
❷ S4セル（「パラメータ値」の列の4行目）に「5」と入力します。
❸ 長期移動平均の計算期間のセル（N3セル）に、以下の式を入力しま
す。これは、短期移動平均の計算期間（S3セル）に、長期移動平均の
差分（S4セル）を足すことを意味します。

```
=S3+S4
```

さらに、乖離率の上限と下限も連動するようにします。この手順は以
下のとおりです。

❶ R5セル（「パラメータ名」の列の5行目）に「範囲上限」と入力します。
❷ S5セル（「パラメータ値」の列の5行目）に「0.1」と入力します。
❸ L4セル（乖離率の範囲の下限）に「=−S5」と入力し、S5セルの値に
マイナスを付けた値になるようにします。
❹ L5セル（乖離率の範囲の上限）に「=S5」と入力し、S5セルの値にな
るようにします。

なお、ここまでの作業を行ったサンプルファイルは、「backtest_
optimize.xlsx」です。

▍2つの移動平均の計算期間の最適値を探す

ここまでの作業で、S3／S4／S5の3つのセルの値を変化させて、そ
れぞれでバックテストを行うことができる状態になりました。まず、こ
のうちの**S3セル（短期移動平均の計算期間）**と、**S4セル（長期移動平均
の差分）**を変化させながらバックテストを行ってみます。

219

S3セル（短期移動平均の計算期間）は、10、15、20、……、45、50と、10から50まで5ずつ変化させることにします。また、S4セル（長期移動平均の差分）は、5、10、15、……、45、50と、5から50まで5ずつ変化させることにします。

長期移動平均の計算期間は、先ほどの作業で短期移動平均期間＋差分で求めるようにしています。そのため、長期移動平均の計算期間は、実際は表3-2のように変化することになります。

表3-2 長期移動平均の計算期間

短期移動平均の計算期間	長期移動平均の計算期間
10	15、20、……、55、60
15	20、25、……、60、65
……	……
45	50、55、……、90、95
50	55、60、……、95、100

バックテストを行う手順は以下のようになります。

❶ ［株式］タブの［バックテスト］部分の［バックテスト（最適化）］をクリックします。

❷ ［条件］タブの「手仕舞い条件あり」のチェックをオンにします。

❸ ［条件］タブの［テスト期間］の欄で、バックテストの対象の期間を指定します。

❹ ［初期投資金額］を「10000000」にします（図3-38）。

❺ ［最適化］タブに切り替えます。

❻ ［1つ目のセル］の行の［セル］の欄をクリックしたあと、ワークシートのS3セルをクリックします。

❼ ［1つ目のセル］の行の［下限］［上限］［増分］の欄に、それぞれ「10」「50」「5」と入力します。

❽ ［2つ目のセル］の行の［セル］の欄をクリックしたあと、ワークシートのS4セルをクリックします。

220

❾ [2つ目のセル]の行の[下限][上限][増分]の欄に、それぞれ「5」「50」「5」と入力します（図3-39）。

これで[OK]ボタンをクリックすると、バックテストが始まります。S3セルとS4セルが順次変化していきますが、S3セルは10〜50の9通り、S4セルは5〜50の10通りの値を取りますので、全部で9×10 = 90回のバックテストを行うことになります。しばらく時間がかかりますので、終わるまで待ちます。

図3-38 バックテストの設定の[条件]タブ

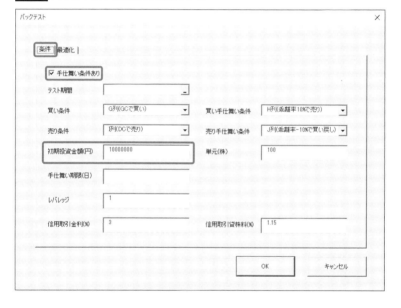

図3-39 バックテストの設定の[最適化]タブ

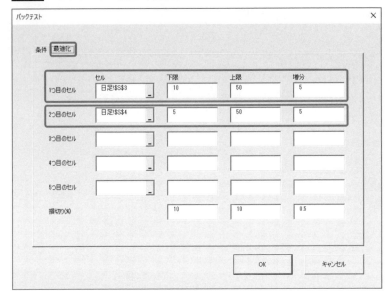

全体的な結果を見る

　すべてのバックテストが終わると、新しいファイルに結果が表示されます。このファイルには多数のワークシートが作られます。

　ファイルが表示された時点では、「売買」というワークシートが選択されています。**このワークシートには、買いと空売りの両方を行った場合の結果が一覧で表示され、利益のよかった（多かった）順に並べ替えられます**（図3-40）。

　「買い」と「売り」のワークシートには、買いだけ／空売りだけを行ったときの結果が、利益のよかった順に表示されます。

図3-40 バックテストの全体的な結果の例

番号	S3セル	S4セル	セル3	セル4	セル5	損切り	売買回数	利益回数	損失回数	損益0回数	初期投資金額	最終金額	利益額	利益率	最大損失	最大損失率	詳細
6	35	5	0	0	0	10	222	115	107	0	10000000	52826891	52826891	528.27%	-874043	-8.74%	詳細
15	35	10	0	0	0	10	144	73	70	1	10000000	55434796	45434796	454.35%	757098	-7.57%	詳細
24	35	15	0	0	0	10	106	61	45	0	10000000	47693080	37693080	376.93%	-1308758	-13.09%	詳細
16	40	10	0	0	0	10	128	73	55	0	10000000	47421750	37421750	374.22%	-1315204	-13.15%	詳細
14	30	10	0	0	0	10	152	68	83	1	10000000	41887505	31887505	318.88%	-904188	-9.04%	詳細
40	25	25	0	0	0	10	104	54	50	0	10000000	40745723	30745723	307.46%	-1047883	-10.48%	詳細
23	30	15	0	0	0	10	120	61	59	0	10000000	35220663	25220663	252.21%	-903683	-9.04%	詳細
37	30	20	0	0	0	10	100	51	48	1	10000000	33826592	23826592	238.27%	-874043	-8.74%	詳細
31	25	20	0	0	0	10	112	54	58	0	10000000	33381388	23381388	233.81%	-904188	-9.04%	詳細
6	45	5	0	0	0	10	166	91	73	2	10000000	31939724	21939724	219.40%	-1233290	-12.33%	詳細
33	35	20	0	0	0	10	90	50	40	0	10000000	30492233	20492233	204.92%	-1196571	-11.97%	詳細

これら3つのワークシートには、以下のような情報が表示されます。

❶ 番号（A列）

個々のバックテストの番号が表示されます。

❷ B列〜F列

最大で5つのセルの値を変化させることができますが、それぞれのセルの値が表示されます。

❸ 損切り（G列）

損切りする際の含み損の率が表示されます。

❹ 売買回数／利益回数／損失回数／損益0回数（H〜K列）

売買した回数や利益になった回数などが表示されます。

❺ 初期投資金額（L列）

バックテストの設定の際に入力した初期投資金額が表示されます。

❻ 最終金額（M列）

最終的な金額が表示されます。

❼ 利益額（N列）

最終金額から初期投資金額を引いた額が表示されます。

■ ❽ 利益率（O列）

初期投資金額に対する利益の率が表示されます。

■ ❾ 最大損失（P列）

途中で初期投資金額を割り込んだ場合の、最大の損失額を表します。

■ ❿ 最大損失率（Q列）

初期投資金額に対する最大損失の率が表示されます。

トヨタ自動車の例だと、買いと空売りの両方を行う場合でのもっともよい結果は、**初期投資金額1,000万円に対し、最終金額が約6,282万円（6倍強）**になっていて、成功したといえそうです。

このときのパラメータは、S3セルが35、S4セルが5となっています。つまり、短期移動平均の計算期間が35日で、長期移動平均は40日（＝35+5）のときが、もっともよい結果だったことになります。

■ 個々のバックテストの結果を見る

全体的な結果のワークシートでは、各行の最後のR列に**「詳細」**という文字が表示されます。この文字をクリックすると、個々のバックテストの結果のワークシートに切り替わります。

まず、全体的な結果でもっともよかった場合を見てみましょう。買いと空売りの両方を行った場合（「売買」ワークシート）のもっともよかった結果の行で、R列の「詳細」の文字をクリックして、そのバックテストの結果を見てみます。

グラフを見ると結果がわかりやすいです。このバックテストでグラフを見てみると、2012年頃までは順調に残高が増え、一時は1億4,000万円近くになっています。しかし、その後は不調が続き、最終的には約6,282万円まで落ち込んでいます（図3-41）。

このように、**最終金額だけ見るとよさそうな結果でも、途中経過を見るとあまりよくない場合もあります。**

図3-41 最終金額だけ見るとよさそうでも途中経過があまりよくない場合もある

そこで、「売買」ワークシートに戻って、2位以降の個々の結果も見てみます。上から10番目の結果（S3セルが45、S4セルが5）のシートでグラフの部分を見ると、次ページの図3-42のようになっています。買いと空売りの両方を行った場合で、最終的な金額は約3,193万円で、1位の結果ほどよくはありません。

ただ、金額の伸び方を見ると、1位の結果よりも**右肩上がりになっている傾向があり、長期的に投資を続けるならこちらの方がよい**といえます。

図3-42 金額が右肩上がりになっていくような結果を探してみるとよい

▲ [ステップ2] ⇒ 乖離率の最適値を探す

　ここまでで、3つのパラメータのうち、長期／短期移動平均の計算期間の最適値を探すことができました。そこで、それらのパラメータを固定して、残り1つの乖離率の最適値を探してみます。

■ 移動平均のパラメータを固定する

　複数のパラメータの組み合わせから最適値を探す場合、これまで行ってきたように、**まず一部のパラメータの最適値を探し、そのあとで残りのパラメータの最適値を探す**、とすることでバックテストの時間を節約します。

　その際に、株価データのワークシートで**最適値を見つけ終わったパラメータはその最適値に固定**して、そのあとにバックテストの続きを行うようにします。

　いま取り上げている例の場合、いまは長期／短期移動平均の計算期間の最適値が決まった段階です。そこで、株価のワークシートで、長期／短期移動平均の計算期間を、先ほどのバックテスト結果の値に変えて固定します。

　結果の中では、S3セル（短期移動平均）が45、S4セル（長期移動平均の増分）が5の場合だと、金額が比較的右肩上がりに増えていましたので、これらの値を使うことにします。

　バックテスト前の株価データのワークシートで、移動平均の計算期間を書き換え、またそれに伴って移動平均と乖離率を再計算し、また移動平均のクロスの列も再計算します。具体的な手順は以下のようになります。

❶ S3セルに「45」を入力します。
❷ S4セルに「5」を入力します。
❸ ［株式］タブの［指標計算］部分の［再計算］をクリックして、［指標の再計算］ダイアログボックスを開きます。

227

❹ 指標の一覧が表示されますので、「クロス:MA45:MA50」「MA:45」「MA:50」「乖離率:45」の各指標を選択し、[OK]ボタンをクリックします（図3-43）。

図3-43 2つの移動平均とそれらのクロスを再計算する

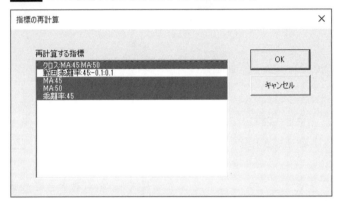

バックテストを行う

次に、**乖離率を変化させながらバックテスト**を行います。ここでは例として、乖離率を5%〜15%の範囲で0.5%刻みで変化させながらバックテストするようにします。

［株式］タブの［バックテスト］部分の［バックテスト(最適化)］をクリックし、［バックテスト］ダイアログボックスを開きます。［条件］タブは、最初にバックテストしたときと同じように設定します（➡p.221）。

そして、［最適化］タブに切り替えて、乖離率を変化させるようにします。乖離率のパラメータはS5セルに入力しましたので、［1つ目のセル］の［セル］の欄をクリックしたあと、ワークシートでS5セルをクリックします。また、［下限］［上限］［増分］には、それぞれ0.05／0.15／0.005と入力します（図3-44）。

なお、乖離率は通常はパーセントで表示しますが、［バックテスト］ダイアログボックスの［1つ目のセル］〜［5つ目のセル］の［下限］［上

限］［増分］の各欄では、パーセントで値を入力する機能はありません。そこで、パーセントを小数に置き換えてから入力します。

図3-44 S5セル（乖離率の上限）を5%（0.05）〜15%（0.15）まで0.5%（0.005）刻みで変化させる

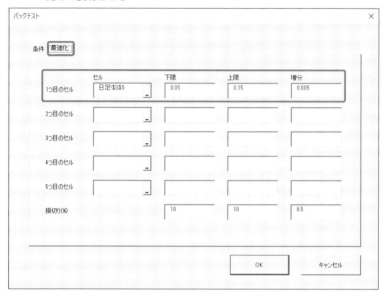

結果を見る

バックテストが終わったら、移動平均の最適値を求めたときと同様にバックテストの結果を見ます。

まず、「売買」のワークシートで、よい結果を見てみます（図3-45）。すると、S5セル（乖離率の上限）が0.105（10.5%）のときがもっともよい結果になっています。先ほどのバックテストでは、最終金額は約3,193万円でした。一方、乖離率を10.5%にすることで、最終金額が約3,557万円まで上がっています。

移動平均の最適値を探したときには、乖離率の上限を10%にしていました。つまり、**乖離率の上限を変えたことで、結果がよりよくなった**ことになります。

ただ、第2位の結果を見ると、S5セルが0.1（10%）になっています。つまり、乖離率の上限が10%というのも、なかなかよい結果だったことになります。

図3-45 S5セル（乖離率の上限）が0.105（10.5%）のときがもっともよい結果になっている

	A	B	C	D	E	F	G	H	I	J	K	L	M	N	O	P	Q	R
	番号	S5セル	セル2	セル3	セル4	セル5	損切り	売買回数	利益回数	損失回数	損益0回数	初期投資	最終金額	利益額	利益率	最大損失	最大損失率	詳細
2	12	0.105	0	0	0	0	10	166	90	74	2	10000000	35578135	25578135	255.78%	-963898	-9.64%	詳細
3	11	0.1	0	0	0	0	10	166	91	73	2	10000000	31939724	21939724	219.40%	-1233290	-12.33%	詳細
4	10	0.095	0	0	0	0	10	166	90	74	2	10000000	29434008	19434008	194.34%	-1376232	-13.76%	詳細
5	13	0.11	0	0	0	0	10	166	88	76	2	10000000	28632460	18632460	186.32%	-1706340	-17.06%	詳細
6	9	0.09	0	0	0	0	10	166	90	74	2	10000000	25309882	15309882	153.10%	-1376232	-13.76%	詳細
7	17	0.13	0	0	0	0	10	166	84	80	2	10000000	22606280	12606280	126.06%	-2676083	-26.76%	詳細
8	8	0.085	0	0	0	0	10	166	90	74	2	10000000	22589429	12589429	125.89%	-1376232	-13.76%	詳細
9	14	0.115	0	0	0	0	10	166	86	78	2	10000000	21985829	11985829	119.86%	-2676083	-26.76%	詳細
10	7	0.08	0	0	0	0	10	166	92	72	2	10000000	21240549	11240549	112.41%	-1376232	-13.76%	詳細
11	20	0.145	0	0	0	0	10	166	80	84	2	10000000	19258904	9258904	92.59%	-2676083	-26.75%	詳細
12	16	0.125	0	0	0	0	10	166	84	80	2	10000000	18756389	8756389	87.56%	-2676083	-26.75%	詳細
13	19	0.14	0	0	0	0	10	166	81	83	2	10000000	18665205	8665205	86.65%	-2676083	-26.75%	詳細
14	18	0.135	0	0	0	0	10	166	82	62	2	10000000	18027903	8027903	80.28%	-2676083	-26.75%	詳細
15	15	0.12	0	0	0	0	10	166	84	80	2	10000000	17683708	7683708	76.84%	-2676083	-26.75%	詳細
16	6	0.075	0	0	0	0	10	166	91	73	2	10000000	15590660	5590660	55.91%	-1716040	-17.16%	詳細
17	5	0.07	0	0	0	0	10	166	90	74	2	10000000	15395057	5395057	53.95%	-1839433	-18.39%	詳細
18	4	0.065	0	0	0	0	10	167	91	73	3	10000000	13984765	3984765	39.85%	-1804601	-18.05%	詳細
19	1	0.05	0	0	0	0	10	167	94	70	3	10000000	13960831	3960831	39.61%	-1545507	-15.46%	詳細
20	2	0.055	0	0	0	0	10	167	90	74	3	10000000	12835779	2835779	28.36%	-1985408	-19.85%	詳細
21	3	0.06	0	0	0	0	10	167	91	73	3	10000000	12788327	2788327	27.88%	-2003101	-20.03%	詳細

◢ ［ステップ3］⇒ 損切りの最適値を探す

3つのパラメータすべての最適値が見つかったところで、最後に**損切りの最適値**を求めます。

損切りが早すぎると、あまり利益を得ることができないままに売る（空売りなら買い戻す）ことになり、よくありません。かといって、損切りが遅くなると、損失が拡大してしまい、これもよくありません。

バックテストすることで、どのくらいまで含み損が増えたら損切りするかということについて目安を考えることができます。

乖離率のパラメータを固定する

まず、株価のワークシートで、乖離率の上限を先ほどのバックテスト結果（10.5%）に変えて固定し、再計算します。また、それに合わせて乖離率の範囲の列（L列）も再計算します。手順は以下のとおりです。

❶ S5セル（範囲上限）に「0.105」と入力します。
❷ ［株式］タブの［指標計算］部分の［再計算］をクリックして、［指標の再計算］ダイアログボックスを開きます。
❸ 指標の一覧が表示されますので、「範囲:乖離率:45:-0.105:0.105」と「乖離率:45」の各指標を選択し、［OK］ボタンをクリックします（図3-46）。

図3-46 乖離率とその範囲を再計算する

バックテストを行う

次に、**損切りを変えながらバックテスト**を行います。ここでは例として、損切りする含み損の率を5％～15％の範囲で0.5％刻みで変化させながらバックテストしてみます。

[株式] タブの [バックテスト] 部分の [バックテスト (最適化)] をクリックし、[バックテスト] ダイアログボックスを開きます。[条件] タブは、最初にバックテストしたときと同じように設定します（➡ p.220）。

そして、[最適化] タブに切り替えて、損切りの率を変化させるようにします。下限／上限／増分のそれぞれの欄に、5／15／0.5と入力します（図3-47）。

これで [OK] ボタンをクリックすると、バックテストが始まります。バックテストが終わるまでにはしばらく時間がかかります。

図3-47 損切りの率を変化させる

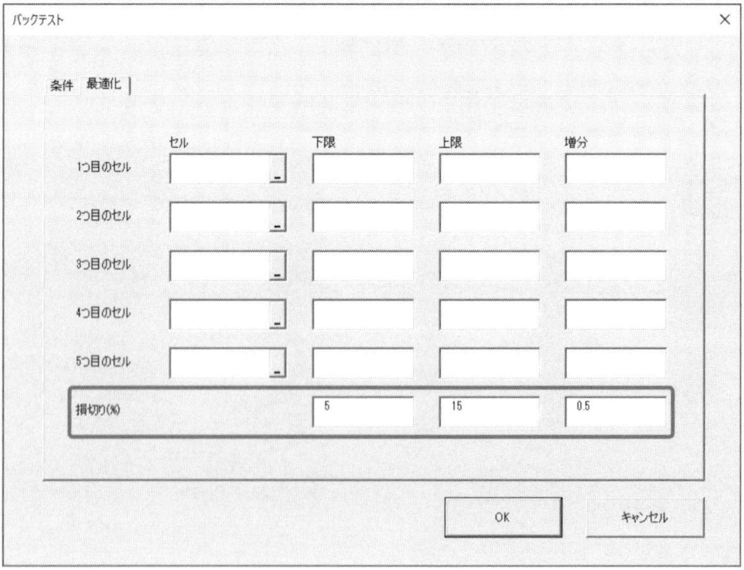

結果を見る

バックテストが終わったら、結果を見てみます。

乖離率の上限を変えてバックテストした際には、損切りの率を10%に設定していて、最終金額は約3,557万円でした。これに対し、損切りの率を変化させてみると、5%のときが結果がもっともよく、最終金額は約5,315万円まで伸び、かなり改善しました（図3-48）。

この結果からわかるように、**「どのくらい含み損になったら損切りするか」**ということも、よい投資を行う上で重要なポイントだといえます。

図3-48 損切りの率を変えることで結果が大きく改善した

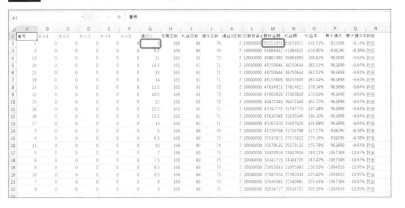

+ Chapter 3 +

レバレッジの効果を調べる

バックテストの機能では、信用取引でレバレッジをかけた場合の結果を見ることもできます。

信用取引関係の設定

バックテストの設定のダイアログボックスの[条件]タブには、信用取引関係の設定として、**[レバレッジ][信用取引金利(%)][信用取引貸株料(%)]** の3つがあります(図3-49)。

図3-49 信用取引関係の設定を行う部分

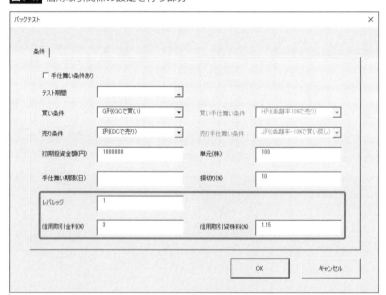

このうち、[レバレッジ]が特に重要です。この欄で、レバレッジの倍率を指定することができます。たとえば、この欄に「3」と入力すると、レバレッジを3倍にしてバックテストすることができます。なお、初期値は「1」になっていて、レバレッジをかけないでバックテストするようになっています。

[信用取引金利]には、信用取引で空買いするときにかかる金利を入力します。初期値では「3」が入力されていて、年3%の金利に設定されています。

[信用取引貸株料]には、空売りするときの貸株料を入力します。初期値は「1.15」になっています。

信用取引金利／信用取引貸株料の初期値の変更

信用取引金利は証券会社ごとに異なります。また、本書執筆時点では、多くのネット証券会社で、制度信用取引を行う場合は貸株料は1.15%になっています。しかし、これも証券会社によって異なる場合があります。そこで、信用取引金利と信用取引貸株料の初期値を変えることもできるようになっています。

[株式]タブの[設定]部分にある[設定]をクリックすると、設定のダイアログボックスが開きます。[バックテスト]タブに切り替えると、信用取引金利と信用取引貸株料を設定する欄がありますので、それらの値を書き換えて[OK]ボタンをクリックします(図3-50)。

図3-50 信用取引金利と信用取引貸株料の初期値の設定

◢ レバレッジの威力

前の節でバックテストの例を紹介しましたが、その際には**レバレッジ**はかけていませんでした。そのときの結果を元に、レバレッジをかけた場合を見てみることにしましょう。

1つの例として、p.224で、移動平均の計算期間の最適値を求めた際の1位の結果を使います。この結果では、2012年までは資金が右肩上がりに増え、その後は右肩下がりに減っていくという形になっています。

p.224では、レバレッジをかけない場合のバックテストを行っていました。最終的な金額は約6,282万円ですが、2012年のピークのときには1億4,000万円近くになっていました。ここに**レバレッジをかけると、結果が大きく変わる**ことをお見せします。

■ 準備を行う

まず、株価のワークシートで、長期／短期移動平均の計算期間と乖離率の上限を、p.224のバックテスト結果の値に変えて固定します。そのときのそれぞれのパラメータの値は、S3セル（短期移動平均）が35、S4セル（長期移動平均の増分）が5、S5セル（乖離率の上限）は0.1でした。

バックテスト前の株価データのワークシートで、移動平均の計算期間と乖離率の上限を書き換え、それに伴って移動平均を再計算し、また移動平均のクロスの列も再計算します。具体的な手順は以下のようになります。

❶ S3セルに「35」を入力します。
❷ S4セルに「5」を入力します。
❸ S5セルに「0.1」を入力します（図3-51）。
❹ ［株式］タブの［指標計算］部分の［再計算］をクリックして、［指標の再計算］ダイアログボックスを開きます。

236

❺ 指標の一覧が表示されますので、すべての指標を選択し、[OK] ボタンをクリックします(図3−52)。

図3-51 各パラメータを入力する

	N	O	P	Q	R	S
1	MA	乖離率			パラメータ名	パラメータ値
2	1001	2001			5201	5202
3	40	35			短期移動平均	35
4					長期移動平均の差分	5
5					範囲上限	0.1

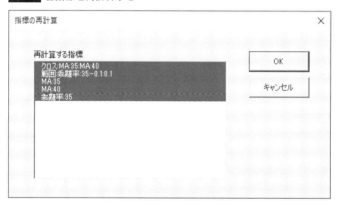

図3-52 各指標を再計算する

バックテストを行う

それでは、ここまでで設定したパラメータでバックテストを行ってみましょう。

[株式] タブの [バックテスト] 部分にある [バックテスト(1回)] をクリックし、[バックテスト] ダイアログボックスを開きます。そして、

以下の各項目を設定して、レバレッジを3倍にしてみます（図3-53）。

❶ ［条件］タブの「手仕舞い条件あり」のチェックをオンにします。
❷ ［条件］タブの［テスト期間］の欄で、バックテストの対象期間を指定します。
❸ ［初期投資金額（円）］を「10000000」にします。
❹ ［レバレッジ］の欄に「3」を入力します。

図3-53 レバレッジを3倍にする

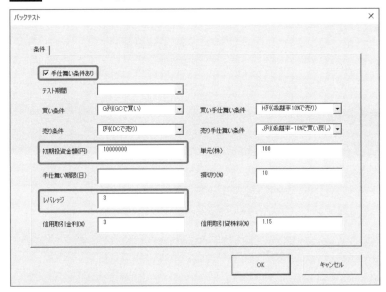

この条件でバックテストした結果を見ると、次ページの図3-54のようになります。2010年のピークの頃には、金額は約7.5億円になっていて、**レバレッジをかけないときの約5倍以上**に伸びています。

しかし、その後の失敗続きの期間に金額は大幅に減り、最終的には約3,310万円まで減っていて、**レバレッジをかけなかったときよりも少ない金額に終わっています**。

図3-54 レバレッジで金額が大幅に増えたあと大幅に減った例

初期条件			総合結果			
				売買	買のみ	売のみ
初期投資金額	10000000		売買回数	222	111	111
単元	100		利益回数	92	45	47
損切り	10.0%		損失回数	130	66	64
レバレッジ	3		損益0回数	0	0	0
信用取引金利	3.00%		最終金額	33103264	50618608	6609019
信用取引貸株料	1.15%		利益	23103264	40618608	-3390981
			利益率	231.03%	406.19%	-33.91%
			最大損失	-1975455	0	-3390981
			最大損失率	-19.75%	0.00%	-33.91%

このように、**レバレッジをかけないときにバックテストで右肩上がりの結果が出れば、レバレッジをかけると絶大な威力を発揮します。**一方で、**バックテストで右肩下がりの結果が出た場合、レバレッジをかけるとより激しく金額が減り、逆方向に威力を発揮してしまう**ことがわかります。

◢ レバレッジの効果があまり出ない場合

　ここまでで取り上げた例では、レバレッジの効果がはっきりとわかりました。一方、**効果があまり出ない場合もあります。**

　例として、前の節の最後に行ったバックテストを取り上げます。その際のパラメータは以下のとおりでした（➡p.233）。

❶ S3セル（短期移動平均）⇒ 45
❷ S4セル（長期移動平均の増分）⇒ 5
❸ S5セル（乖離率の上限）⇒ 0.105
❹ 損切り ⇒ 5%

　この条件でレバレッジを3倍にしてバックテストしてみます。

▍準備を行う

　まず、株価のワークシートで、前述のとおりパラメータを固定します。手順は以下のとおりです。

❶ S3セルに「45」を入力します。
❷ S4セルに「5」を入力します。
❸ S5セルに「0.105」を入力します（図3-55）。
❹ ［株式］タブの［指標計算］部分の［再計算］をクリックして、［指標の再計算］ダイアログボックスを開きます。
❺ 指標の一覧が表示されますので、すべての指標を選択し、［OK］ボタンをクリックします（図3-56）。

図3-55 各パラメータを入力する

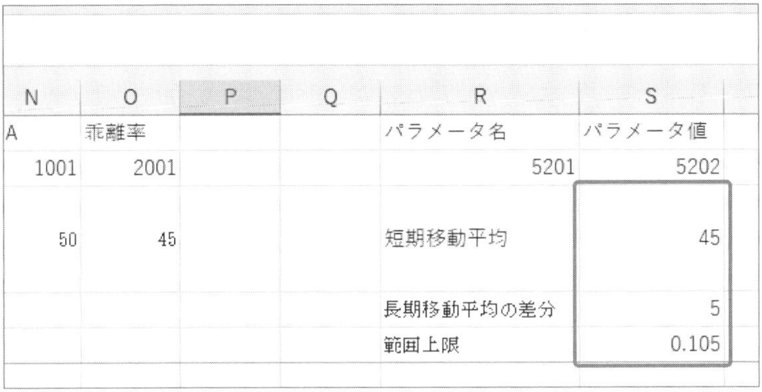

N
O
P
Q
R
S
1 A
乖離率
パラメータ名
パラメータ値
2 1001
2001
5201
5202
3 50
45
短期移動平均
45
4
長期移動平均の差分
5
5
範囲上限
0.105

図3-56 各指標を再計算する

指標の再計算
再計算する指標
クロス:MA:45:MA:50
範囲:乖離率:45:-0.105:0.105
MA:45
MA:50
乖離率:45
OK
キャンセル

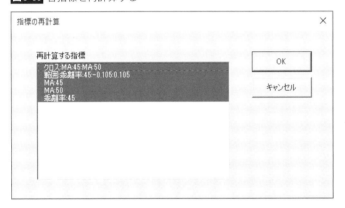

バックテストとその結果

次に、バックテストを行います。

バックテストを始める手順は、p.237の「バックテストを行う」とほぼ同じです。ただし、[バックテスト]ダイアログボックスで、[損切り(%)]の欄に「5」と入力し、含み損が5%を超えたら損切りするようにします。

結果のグラフを見ると、次ページの図3-57のようになりました。最終的な金額は約4,849万円で、レバレッジをかけなかったときよりも幾

分減ってしまっています。

特に、2017年から2018年にかけて大きく減ってしまっています。この時期は売買がうまくいっていなかったので、レバレッジによってより激しく金額が減る結果になっています。

このように、レバレッジをかけると、うまくいったときにはお金を大きく増やすことができますが、失敗したときの減り方も激しく、**最終的にはそれほど増えなかったり、逆に減ってしまったりすることもあります**。むやみにレバレッジをかけるのは、考えものだといえるでしょう。

図3-57 レバレッジをかけてもあまりうまくいかなかった例

第 **4** 章

ファンダメンタル分析や スクリーニングにExcelを活かす

株式投資を行う上で、「どの銘柄に投資するか」という点は非常に重要です。第4章では、業績や財務を調べる「ファンダメンタル分析」や、多数の銘柄の中から投資対象を探す「スクリーニング」などをExcelで行う方法を紹介します。

+ Chapter 4 +

全銘柄の投資指標や株価データをダウンロードする

多数の銘柄の中からよい銘柄を探すために、全銘柄の投資指標や株価のデータをダウンロードして、Excelでスクリーニングを行う方法があります。ここでは、データのダウンロードについて紹介します。

「決算プロ」から決算の情報をダウンロードする

　各企業は、決算の際には**決算短信**などの情報を公開します。それらのデータは人間が読みやすい形で公開されますが、それと同時に「XBRL」という形でも公開されています。**XBRLは、決算データをコンピュータで扱いやすくしたもの**です。

　このXBRLのデータを収集して、投資家向けに使いやすく公開しているサイトとして「決算プロ」があります。アドレスは以下のとおりです。

http://ke.kabupro.jp/

全銘柄の決算データをダウンロード

　決算プロには、全銘柄の決算のデータの中で、以下のデータを一括してダウンロードできるページがあります。

- 売上 ● 営業利益 ● 経常利益 ● 純利益 ● 1株あたり純利益
- 純資産または株主資本
- 1株あたり純資産
- 営業キャッシュフロー
- 投資キャッシュフロー
- 財務キャッシュフロー

利益は決算期末の値で、予想値ではありません。ファンダメンタル分析で利益を扱う場合は、通常は**今期の予想値**を使いますので、この点は残念です。ただ、1株あたり純資産は決算時点の値を使ってファンダメンタル分析しますので、そちらは使うことができます。

ダウンロードページのアドレスは以下のとおりです（図4-1）。

http://ke.kabupro.jp/doc/down40.htm

このページの中に、Excelのアイコンと「『全上場企業・短信XBRLデータ』（○○月○○日版）」と表示されている箇所があります。そこをクリックすると、全銘柄のデータをダウンロードすることができます。

図4-1 「全上場企業・短信XBRL」一括ダウンロードのページ

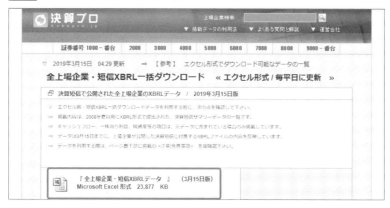

連結決算がある銘柄から単独決算を除く

ダウンロードしたファイルを開くと、過去3年程度の本決算と四半期決算のデータが、銘柄ごとにまとめられた形になっています（図4-2）。

ただ、**1行あたり1銘柄の形になっていないと分析には使いにくい**です。株式投資アドインとExcelの機能を活用すると、必要なデータだけに絞り込むことができます。

図4-2 過去3年程度の本決算と四半期決算のデータが銘柄ごとにまとめられている

	A1			証券コード						
	証券コード	企業名	会計基準	連結個別	決算期	決算期間	期首	期末	科目(売上)	売上高	営
2	1301	極洋	日本基準	連結	2019年3月期	第3四半期	2018/4/1	2018/12/31	売上高	197,783,000,000	3,2
3	1301	極洋	日本基準	連結	2019年3月期	第2四半期		2018/9/30	売上高	119,202,000,000	1,0
4	1301	極洋	日本基準	連結	2019年3月期	第1四半期		2018/6/30	売上高	57,957,000,000	5
5	1301	極洋	日本基準	連結	2018年3月期	通期	2017/4/1	2018/3/31	売上高	254,783,000,000	4,0
6	1301	極洋	日本基準	連結	2018年3月期	第3四半期		2017/12/31	売上高	198,323,000,000	3,8
7	1301	極洋	日本基準	連結	2018年3月期	第2四半期		2017/9/30	売上高	120,458,000,000	2,2
8	1301	極洋	日本基準	連結	2018年3月期	第1四半期		2017/6/30	売上高	56,844,000,000	9
9	1301	極洋	日本基準	連結	2017年3月期	通期	2016/4/1	2017/3/31	売上高	236,561,000,000	3,7
10	1301	極洋	日本基準	連結	2017年3月期	第3四半期		2016/12/31	売上高	179,975,000,000	2,8
11	1301	極洋	日本基準	連結	2017年3月期	第2四半期		2016/9/30	売上高	109,570,000,000	1,1
12	1301	極洋	日本基準	連結	2017年3月期	第1四半期		2016/6/30	売上高	52,206,000,000	4
13	1301	極洋	日本基準	連結	2016年3月期	通期	2015/4/1	2016/3/31	売上高	226,626,000,000	2,4
14	1301	極洋	日本基準	連結	2016年3月期	第3四半期		2015/12/31	売上高	178,890,000,000	2,4
15	1301	極洋	日本基準	連結	2016年3月期	第2四半期		2015/9/30	売上高	108,499,000,000	1,1
16	1301	極洋	日本基準	連結	2016年3月期	第1四半期		2015/6/30	売上高	50,168,000,000	3
17	1301	極洋	日本基準	個別	2018年3月期	通期	2017/4/1	2018/3/31	売上高	247,950,000,000	2,8
18	1301	極洋	日本基準	個別	2017年3月期	通期	2016/4/1	2017/3/31	売上高	228,083,000,000	3,1
19	1301	極洋	日本基準	個別	2016年3月期	通期	2015/4/1	2016/3/31	売上高	216,350,000,000	2,2
20	1332	日本水産	日本基準	連結	2019年3月期	第3四半期	2018/4/1	2018/12/31	売上高	543,261,000,000	19,8
21	1332	日本水産	日本基準	連結	2019年3月期	第2四半期		2018/9/30	売上高	350,483,000,000	10,5
22	1332	日本水産	日本基準	連結	2019年3月期	第1四半期		2018/6/30	売上高	174,700,000,000	7,4
23	1332	日本水産	日本基準	連結	2018年3月期	通期	2017/4/1	2018/3/31	売上高	683,008,000,000	23,4

　まず、株式投資アドインを使って、「連結決算がある銘柄から単独決算を除く」という処理を行います。

　子会社がある企業では、子会社も含めた決算（**連結決算**）と、その企業だけの決算（**単独決算**）の2つの決算を出しています。

　現在は連結決算が重視されているので、ダウンロードしたファイルを見てみると、連結決算を行っている企業では、連結決算は四半期単位で出ていて、単独決算は年単位になっています。子会社がなくて単独決算だけの企業では、単独決算のデータが四半期単位で出ています。

　そこで、四半期単位の決算に揃えるために、連結決算を行っている企業の部分から、単独決算のデータを除いたワークシートを作ります。

　ダウンロードしたファイルをExcelで開いた状態にしておき、［株式］タブの［データ］部分にある**［決算プロ変換］**のボタンをクリックします。「決算プロのファイルを変換します。よろしいですか？」のメッセージが表示されますので、［はい］ボタンをクリックして変換します。

　変換には数分程度かかります。変換中は実行状況が表示されるようになっています。変換がすべて終わると、変換後のワークシートに切り替わり、「変換終了」のメッセージが表示されます。

Excelのフィルターで情報を絞り込む

次に、Excelの**フィルター**の機能を使って、必要な情報だけに絞り込みます。

分析の際には、**最新の期末決算の情報**が必要になることが多いです。そこで、各銘柄の最新の決算の情報だけを絞り込んでみます。［データ］タブの［フィルター］ボタンをクリックして、フィルターを使える状態にします。

まず、期末決算の情報だけを表示するようにします。F1セル（決算期間）の右端にある［▼］のボタンをクリックすると、決算期間をフィルターする状態になります。選択肢一覧の先頭にある「すべて選択」のチェックをオフにすると、すべてのチェックをいったんオフにすることができます。ここで「通期」のチェックだけをオンにして［OK］ボタンをクリックします（図4-3）。

図4-3　「通期」の情報だけをフィルターする

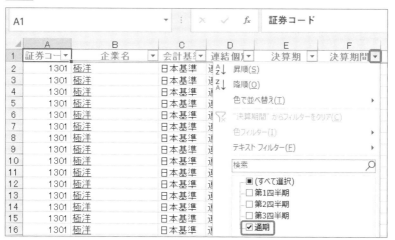

次に、E1セル(決算期)の右端にある[▼]のボタンをクリックします。すると、決算期でデータを絞り込む状態になります。選択肢一覧の先頭で「すべて選択」のチェックをオフにしたあと、選択肢を一番下までスクロールし、最後の選択肢から1年前までのチェックをオンにし、[OK]ボタンをクリックします。

　たとえば、最後の選択肢が「2019年1月期」の場合だと、最新の1年間は2018年2月期〜2019年1月期ですので、それらのチェックだけをオンにします(図4-4)。

図4-4 最新の1年間の決算だけをフィルターする

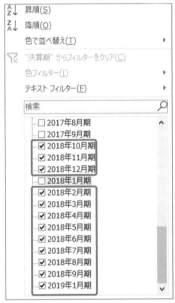

　これで、フィルターによって、全銘柄の最新の期末決算の情報だけが1銘柄につき1行の形で表示されます(図4-5)。それらのデータをすべてコピーし、他のワークシートに貼り付けて利用します。

図4-5 フィルターした結果の例

	証券コ	企業名	会計基	連結個別	決算期	決算期間	順番	期末	日(売	売上高	営業利益	経常利
5	1301	極洋	日本基準	連結	2018年3月期	通期	2017/4/1	2018/3/31	売上高	254,783,000,000	4,066,000,000	4,437,0
20	1332	日本水産	日本基準	連結	2018年3月期	通期	2017/4/1	2018/3/31	売上高	683,008,000,000	23,489,000,000	24,840,0
35	1333	マルハ	日本基準	連結	2018年3月期	通期	2017/4/1	2018/3/31	売上高	918,820,000,000	24,497,000,000	27,917,0
50	1352	ホウスイ	日本基準	連結	2018年3月期	通期	2017/4/1	2018/3/31	売上高	73,928,000,000	637,000,000	887,0
64	1376	カネコ種苗	日本基準	連結	2018年5月期	通期	2017/6/1	2018/5/31	売上高	59,102,000,000	1,747,000,000	1,891,0
76	1377	サカタのタネ	日本基準	連結	2018年5月期	通期	2017/6/1	2018/5/31	売上高	62,412,000,000	7,553,000,000	7,880,0
93	1379	ホクト	日本基準	連結	2018年3月期	通期	2017/4/1	2018/3/31	売上高	66,907,000,000	3,181,000,000	4,033,0
108	1380	秋川牧園	日本基準	連結	2018年3月期	通期	2017/4/1	2018/3/31	売上高	5,498,000,000	91,000,000	128,0
122	1381	アクシーズ	日本基準	連結	2018年6月期	通期	2017/7/1	2018/6/30	売上高	19,369,000,000	2,991,000,000	3,086,0
136	1382	ホーブ	日本基準	連結	2018年6月期	通期	2017/7/1	2018/6/30	売上高	3,870,000,000	-63,000,000	-59,0

「KABU＋」から最新の情報をダウンロードする

有料になりますが、「KABU＋」というサービスを使うと、各種の投資指標の最新情報を一括してダウンロードすることができます。Excelでファンダメンタル分析を行う際に強い味方になります。

有料サービスのKABU＋

KABU＋は、合同会社ZEROBYTEが運営しているサービスで、株価や投資指標など株式投資に役立つデータを配信しています。アドレスは以下のとおりです。

https://kabu.plus/

KABU＋は有料のサービスです。Light／Standard／Premium／Proの4段階のプランがあります。Lightプランは月額810円（税込み）で、最新の株価データ・投資指標データ・決算データをダウンロードすることができます。また、月額1,620円（税込み）のStandardプランだと、過去2年間について、それぞれの日の時点でのデータをダウンロードすることができます。

個々のプランで得られる情報は、以下のページを参照してください。

https://kabu.plus/document/membership.pdf

4

ファンダメンタル分析やスクリーニングにExcelを活かす

249

ダウンロードしたデータをExcelで使う

　KABU＋のトップページにアクセスし、[投資指標データ]のところにある[株式全銘柄]のボタンをクリックすると、データのページが開きます。その左下に[ファイル保存]のボタンがあり、そこをクリックして[CSV保存]を選択すると、最新のデータをダウンロードすることができます（図4-6）。

図4-6 投資指標データをダウンロードすることができる

　ダウンロードしたファイルは、CSV形式のファイルになっています。Excelでファイルを開く際に、ファイルの形式として「CSVファイル」を選んで開きます。

「株価データ倉庫」から全銘柄の1日分の株価データをダウンロードする

　すべての銘柄を対象にしてファンダメンタル分析を行う際に、株価のデータと組み合わせたい場合もあります。そのときには、すべての銘柄を対象にして、ある1日の株価データを集めたものを使います。

　このようなデータをダウンロードできるサイトも、いくつかあります。無料で利用できるところとしては「株価データ倉庫」があります。

250

アドレスは以下のとおりです。

http://stock-databox.net/

ファイルのダウンロード

トップページにアクセスし、画面左端の[Data DownLoad Page]のリンクをクリックすると、ダウンロードのページに進みます。そのページを下にスクロールして、[日足株価データ]のところで[2019年日足株価データ]などのリンクをクリックすると、その年のそれぞれの日の株価をダウンロードするページに移動します（図4-7）。

図4-7 ファイルをダウンロードするページ

ファイルをExcelで開く

ダウンロードしたファイルはZip形式で圧縮されています。Windows PCなら、ダウンロードしたファイルを選び、ダブルクリックすれば解凍されて中身のファイルを取り出すことができます。

取り出したファイルをExcelで開くには、［ファイル］タブの［開く］→［参照］をクリックして［ファイルを開く］ダイアログボックスを開きます。［ファイルを開く］ダイアログボックスのファイル形式の欄で「テキストファイル」を選んでから、ファイル名を選びます（図4-8）。

図4-8 ファイル形式の欄で「テキストファイル」を選んでからファイル名を選ぶ

すると、[**テキストファイルウィザード**] が開きます。最初のステップでは、「カンマやタブなどの区切り文字によってフィールドごとに区切られたデータ」を選びます（図4-9）。次のステップでは、区切り文字として「タブ」のチェックをオンにします（図4-10）。そして、最後のステップでは設定を変えずに［完了］ボタンをクリックします。

図4-9 「カンマやタブなどの区切り文字によってフィールドごとに区切られたデータ」を選ぶ

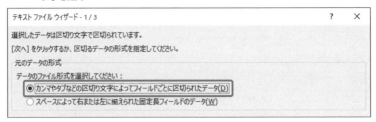

図4-10 区切り文字として「タブ」のチェックをオンにする

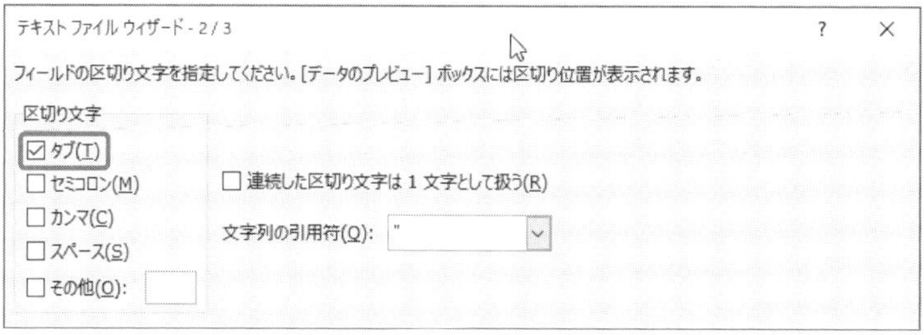

テキスト ファイル ウィザード - 2 / 3　　　　　　　　　　　　　　　　　　　　　　? ✕

フィールドの区切り文字を指定してください。[データのプレビュー] ボックスには区切り位置が表示されます。

区切り文字
- ☑ タブ(T)
- ☐ セミコロン(M)　　☐ 連続した区切り文字は 1 文字として扱う(R)
- ☐ カンマ(C)
- ☐ スペース(S)　　文字列の引用符(Q): ["　　　　　　▼]
- ☐ その他(O): [　　]

　開いたファイルは、1行目が日付、2行目以降が各銘柄の株価という形になっています。各行のデータは、A列から順に証券コード/銘柄名/始値/高値/安値/終値/出来高になっています。1行目の日付を消して、「証券コード」などの項目名を入力するとよいでしょう。

株価データ倉庫のデメリット

　株価データ倉庫は無料で利用できますが、残念ながらデータは毎日は更新されず、週末に一括で更新されます。そのため、最新の情報を使って分析を行うのには適していません。

◀ KABU＋から株価データをダウンロードする

　最新の株価データをダウンロードして分析に使いたい場合は、前述したKABU＋を使う方法があります。

　KABU＋のトップページにアクセスし、[株価一覧表]のところにある[株式全銘柄]ボタンをクリックすると、データのページが開きます。その左下に[ファイル保存]ボタンがあり、そこをクリックすると最新のデータをダウンロードすることができます。

　ダウンロードしたファイルをExcelで開くと、四本値と出来高はもちろんのこと、前日比/市場/業種などのデータも含まれています。

253

◢ 「GC HELLO TREND MASTER」で指標のデータも得る

株価データ倉庫やKABU＋を使うと、特定の日の全銘柄の株価を得ることができます。しかし、その日の**テクニカル指標**のデータまでは得ることができません。

また、株価データ倉庫やKABU＋のデータには、**調整後終値**は含まれていません。そのため、複数の日の株価をまとめて分析する際に、株式分割や株式併合の影響を正しく分析することができません。

これらの問題を解決するには、テクニカル分析チャートソフトの「GC HELLO TREND MASTER」を使う方法があります。GC HELLO TREND MASTERは、ゴールデンチャート社が販売しているソフトで、株価やテクニカル指標をチャートに表示することができます。

株価やテクニカル指標などのデータをCSVファイルに出力する機能もあります。株価は株式分割／併合を考慮した値にすることもできますので、株式分割／併合の影響を除いて、正しい分析を行うことができます。

なお、GC HELLO TREND MASTERの利用料金は、入会金3万円＋消費税、月額料金7,500円＋消費税です。半年契約にすると料金が5％引き、年間契約だと10％引きになります。

関心がある方は以下のページを参照してください。

---

http://www.gcnet.jp/gchello/gchellotop.html

+ **Chapter 4** +

複数のデータを組み合わせてExcelで分析する

投資指標や株価のデータを複数の箇所から集めて、それらを使って分析したい場面があります。この節では、その際に使うExcelの関数や機能を紹介します。

◢ VLOOKUP関数でデータをまとめる

複数の箇所からデータを集めるときには、Excelの「**VLOOKUP**」という関数が活躍します。分析の前段階として、VLOOKUP関数の使い方などを解説します。

データをただ切り貼りするだけではダメ

たとえば、「**ある2つの日の間で株価が上がった銘柄を探したい**」という場合を考えてみます。ネット証券などの投資情報サービスにスクリーニングの機能がありますが、「ある2つの日の間で株価が上がった銘柄を探す」機能は意外とないものです。

Excelを使えば、このような問題も解決することができます。「ある2つの日の間で株価が上がった銘柄を探す」場合だと、それぞれの日の全銘柄の株価を用意して、各銘柄の上昇率を計算すればOKです。

ただ、解決できるとはいえ、やや手間がかかります。というのも、複数のデータを集めようとしたときに、**それぞれのデータにまったく同じ銘柄が含まれているとは限らない**からです。むしろ、銘柄が一致していないことが多いです。

たとえば、「最近3カ月で株価が上がった銘柄を探す」という場合だと、3カ月前といまを比べると、その間に銘柄が新規上場して、いまの方が銘柄数が多いことがほとんどです。そのため、2つのワークシートから単純にデータをコピーして左右に並べるだけでは、新規上場した銘

4

ファンダメンタル分析やスクリーニングにExcelを活かす

255

柄のところで表がずれてしまいます。

　図4-11は、その例です。1月1日から4月1日の間に銘柄Xが増えたために、1月1日と4月1日で銘柄C～Eの行がずれています。

図4-11 複数のデータをただ並べるだけだと表がずれてしまう

	A	B	C	D
1	1月1日		4月1日	
2	銘柄	株価	銘柄	株価
3	A	1000	A	1200
4	B	700	B	600
5	C	800	X	700
6	D	600	C	900
7	E	900	D	550
8			E	950

VLOOKUP関数の使い方

　2つの表のデータを組み合わせる際に、**VLOOKUP**という関数が便利です。VLOOKUP関数は、**2つ目の表の中から、1つ目の表と値が一致する行を探し、その行の中の特定の列の値を取り出す**のに使います。

　図4-11の例だと、A／B列とC／D列を2つの表と考えます。そして、C／D列の表の中から、A列と銘柄名が同じになっている行を探して、その行の株価を取り出すことができます。

　株価や投資情報の表をまとめる際に、VLOOKUP関数は以下のように書きます。

```
=VLOOKUP(検索値,範囲,列番号,FALSE)
```

　「検索値」は、1つ目の表の中で、検索のキーにする値を指定します。株価などの表で使う場合だと、銘柄の証券コードが入ったセルを指定します。

「範囲」は、2つ目の表が入っているセル範囲を指定します。ワークシート上で表の範囲をドラッグして選択したあと、キーボードの F4 キーを押して、範囲の行／列の番号に「$A$1:$B$2」のように「$」が付くようにします。

そして、「列番号」では、2つ目の表の範囲の中で、データを取り出したい列の番号を指定します。表の左端を1列目と数えて、数字で指定します。

VLOOKUP関数で2つの日の終値を並べる

では、実際の株価データを使って、株価が上がった銘柄を探すためにVLOOKUP関数を入力します。

2018年10月から12月末にかけて、世界的に株価が急落しました。日本でも、10月2日に日経平均株価が高値で24,448.07円をつけたあとに大きく下落し、12月26日に安値で18,948.58円をつけました。しかし、その後はリバウンドの動きになり、2019年3月4日には日経平均株価が高値で21,860.39円をつけました（図4-12）。

図4-12 2018年10月から2019年3月にかけて日経平均株価は大きく下がったあとリバウンドした

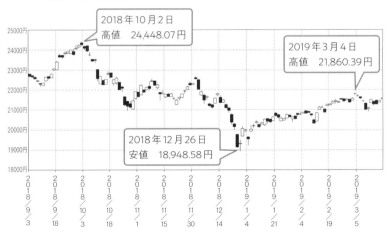

2018年12月26日から2019年3月4日の間で、日経平均株価は15%強リバウンドしました。ただ、**個別の銘柄で見れば、より大きく上昇した銘柄もあれば、あまり上がらなかった銘柄もあります。**そこで、これら2つの日の間で上がった銘柄を探してみます。

まず、株価データ倉庫（➡p.250）から、2018年12月26日と2019年3月4日の全銘柄の株価データをダウンロードし、それぞれのファイルをExcelで開きます。そして、2018年12月26日と2019年3月4日のファイルから必要なデータをコピーして、別の新規作成したファイルに貼り付けます。

図4-13は、実際にそこまでの作業を行った例です。2018年12月26日のデータからは、証券コード／銘柄名／終値のデータをコピーして、A～C列に貼り付けました。また、2019年3月4日のデータからは、証券コードと終値をコピーして、G／H列に貼り付けました。さらに、1行目には項目名を入力しました。

図4-13 2018年12月26日と2019年3月4日のファイルから必要なデータをコピーしたところ

	A	B	C	D	E	F	G	H
1	証券コード	銘柄名	2018/12/26	2019/3/4	上昇率		証券コード	株価
2	1001	日経２２５	19327				1001	21822
3	1002	東証指数	1431				1002	1627
4	1003	ＮＹ円相場	11041				1003	11195
5	1008	円ユーロ	12592				1008	12723
6	1011	日経平均先物	19390				1011	21820
7	1012	TOPIX先物	1437				1012	1626
8	1013	JASDAQ指数	13119				1013	15410
9	1301	極洋	2699				1301	3010
10	1305	ダイワTOPIX	1500				1305	1707
11	1306	TOPIX連動型	1480				1306	1683
12	1308	上場TOPIX	1464				1308	1666
13	1309	上海株式指数	24850				1309	33300
14	1310	ダイワコア30	639				1310	731
15	1311	TOPIXCore30	645				1311	745
16	1312	小型コアイン	17360				1312	19970
17	1319	３００投信	282				1313	3100
18	1320	ダイワ一日経2	19870				1319	320

この状況で、G／H列の表から、A列の証券コードに対応する3月4日の株価を取り出して、D列に入れるようにします。

2行目（日経225）の3月4日のセル（D2セル）に、VLOOKUP関数を入力します。このセルに「＝VLOOKUP(」までを入力します。

次に、VLOOKUP関数の「検索値」の部分を入力します。株価は証券コードで検索しますが、日経平均株価の証券コードはA2セルに入っていますので、A2セルをクリックします。そして、区切りのコンマを入力します。

その次に、VLOOKUP関数の「範囲」の部分を入力します。3月4日のデータが入っている範囲（G／H列のデータが入っているすべてのセル）を選択したあと、キーボードの F4 キーを1回押して、範囲が「$G$2:$H$3944」のように「$」付きの形になるようにします。

さらにコンマを入力したあと、VLOOKUP関数の「列番号」の部分を入力します。G／H列の表の中で、株価は2列目のH列にありますので、列番号として「2」を入力します。そして、最後の「,FALSE」も入力します（図4-14）。

図4-14 2行目（日経225）にVLOOKUP関数を入力したところ

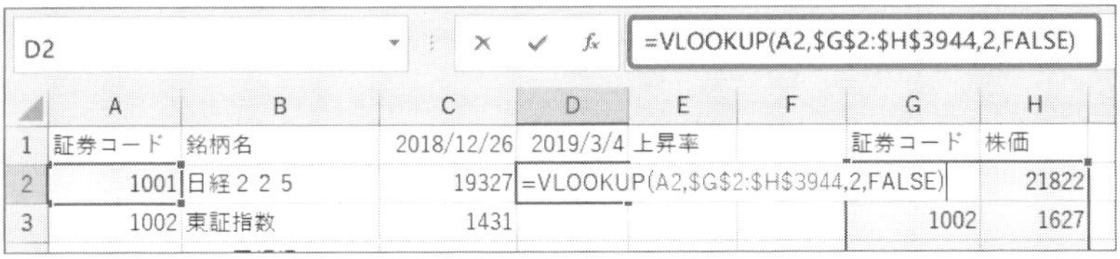

D2セルに式を入力し終わったら、D2セルをコピーして、D3セル以降の各銘柄のセルに貼り付けます。これで、G／H列のデータから各銘柄の株価を取り出して、D列に入れることができます（図4-15）。

なお、D列を上から見ていくと、ところどころに**「#N/A」**という値が入ったセルが出てきます。次ページの図4-15を見てみると、25行目の「S&P_GSCI商品」の3月4日の株価が「#N/A」になっています。

259

これは、**VLOOKUP関数でデータが見つからなかった**ことを意味します。いま取り上げている例だと、12月26日の株価がある一方で、3月4日の株価がなかったことを意味します。出来高がゼロで株価が出ていなかったり、合併等で上場廃止になったりしたことが原因です。

図4-15 各銘柄の株価をD列に入れた

	A	B	C	D	E	F	G	H
	証券コード	銘柄名	2018/12/26	2019/3/4	上昇率		証券コード	株価
1	証券コード	銘柄名	2018/12/26	2019/3/4	上昇率		証券コード	株価
2	1001	日経２２５	19327	21822			1001	21822
3	1002	東証指数	1431	1627			1002	1627
4	1003	ＮＹ円相場	11041	11195			1003	11195
5	1008	円ユーロ	12592	12723			1008	12723
6	1011	日経平均先物	19390	21820			1011	21820
7	1012	TOPIX先物	1437	1626			1012	1626
8	1013	JASDAQ指数	13119	15410			1013	15410
9	1301	極洋	2699	3010			1301	3010
10	1305	ダイワTOPIX	1500	1707			1305	1707
11	1306	TOPIX連動型	1480	1683			1306	1683
12	1308	上場TOPIX	1464	1666			1308	1666
13	1309	上海株式指数	24850	33300			1309	33300
14	1310	ダイワコア30	639	731			1310	731
15	1311	TOPIXCore30	645	745			1311	745
16	1312	小型コアイン	17360	19970			1312	19970
17	1319	３００投信	282	320			1313	3100
18	1320	ダイワ-日経2	19870	22460			1319	320
19	1321	日経225連動	19940	22510			1320	22460
20	1322	中国A株300	4195	5480			1321	22510
21	1323	南アフリカ株	345	370			1322	5480
22	1324	ロシア株式指	111	128			1323	370
23	1325	ブラジル株式	190	216			1324	128
24	1326	SPDRゴールド	13270	13710			1325	216
25	1327	S&P_GSCI商品	3240	#N/A			1326	13710
26	1328	金価格連動型	3670	3750			1328	3750

VLOOKUP関数を結果に置き換える

　ここまでで、VLOOKUP関数を使ってデータをまとめることができました。いまのままでも分析に使うことはできますが、ワークシートに多くのVLOOKUP関数が入力されている状態です。

　この例ではVLOOKUP関数は1つの列だけで使っていますが、もっと

大量のデータを扱うと、**VLOOKUP関数を非常に多く使うことになり、ワークシートの動作が重くなります。**そこで、VLOOKUP関数を入れたセルで、関数をその結果に置き換えます。

まず、VLOOKUP関数を入れたセルをすべて選択してコピーします。例の場合だと、D列でVLOOKUP関数を入れたすべてのセルを選択してコピーします。

そして、そのセル範囲を選択したままの状態で、[ホーム]タブの[貼り付け]ボタンの「貼り付け」の文字のあたりをクリックし、[値の貼り付け]部分の左端にあるアイコン([値])をクリックします(図4-16)。

図4-16 [値]のボタンをクリックする

また、VLOOKUP関数を値に置き換え終わったら、VLOOKUP関数でデータを引いてきた表は不要になります。いま取り上げている例だと、G列とH列の表(2019年3月4日の株価データからコピーした部分)は不要です。したがって、この部分はワークシートから削除できます。

分析のための計算式を入力する

　VLOOKUP関数でデータを集めたら、分析に進みます。分析のためには何らかの計算をすることが多いですが、そのための計算式を入力します。

　いま取り上げている例では、**2つの日の間で株価が上昇した銘柄**を探そうとしています。そこで、2つの日の間での株価の上昇率を求める計算式を入力します。

　まず、E2セル（日経225の上昇率）に、上昇率を求める式を入力します。2019年3月4日の株価を2018年12月26日の株価で割り、そこから1を引けばよいので、以下の式を入力します（図4-17）。

```
=D2/C2-1
```

図4-17 E2セルに上昇率を求める式を入力する

	A	B	C	D	E	F
1	証券コード	銘柄名	2018/12/26	2019/3/4	上昇率	
2	1001	日経２２５	19327	21822	=D2/C2-1	
3	1002	東証指数	1431	1627		

（数式バー：COUNTIF　×　✓　fx　=D2/C2-1）

　また、結果が小数で表示されて読みにくいので、［ホーム］タブの［パーセントスタイル］ボタン（［％］のアイコン）をクリックしたあと、［小数点以下の表示桁数を増やす］ボタンを2回クリックして、パーセントの小数点以下2桁まで表示するようにします。

　そして、E2セルをコピーして、E3セル以降の全銘柄の上昇率のセルに貼り付けます（図4-18）。

図4-18 全銘柄の上昇率を求めた

	A	B	C	D	E
					証券コード
1	証券コード	銘柄名	2018/12/26	2019/3/4	上昇率
2	1001	日経２２５	19327	21822	12.91%
3	1002	東証指数	1431	1627	13.70%
4	1003	ＮＹ円相場	11041	11195	1.39%
5	1008	円ユーロ	12592	12723	1.04%
6	1011	日経平均先物	19390	21820	12.53%
7	1012	TOPIX先物	1437	1626	13.15%
8	1013	JASDAQ指数	13119	15410	17.46%
9	1301	極洋	2699	3010	11.52%
10	1305	ダイワTOPIX	1500	1707	13.80%
11	1306	TOPIX連動型	1480	1683	13.72%
12	1308	上場TOPIX	1464	1666	13.80%
13	1309	上海株式指数	24850	33300	34.00%
14	1310	ダイワコア30	639	731	14.40%
15	1311	TOPIXCore30	645	745	15.50%
16	1312	小型コアイン	17360	19970	15.03%

◢ 銘柄をスクリーニングする

最後に、Excelの**フィルター**や**並べ替え**の機能を使って銘柄をスクリーニングします。

#N/Aが入っている行をフィルターする

いまの時点では、D列（2019年3月4日）の株価が「**#N/A**」になっている銘柄があります。このような銘柄は上昇率を求めることができませんので、除外するようにします。これは、Excelのフィルターの機能で行うことができます。

データが入っているどこかのセルを選択した状態で、[ホーム]タブの**[並べ替えとフィルター]**ボタンをクリックし、メニューの中の[フィルター]をクリックします。すると、1行目の項目名のそれぞれのセルの右端に[▼]ボタンが表示されます。ボタンをクリックすると、データをフィルターする条件を指定することができます。

2019年3月4日の株価が「#N/A」になっている銘柄を除外するには、以下の手順を取ります。

❶ D1セルの右端の[▼]ボタンをクリックし、2019年3月4日の株価にフィルターを設定する状態にします。
❷ D列に入っている数値が一覧表示されますので、一番下までスクロールし、「#N/A」のチェックをオフにします（図4-19）。

図4-19 「#N/A」をフィルターする

銘柄の並べ替え

Excelにはワークシートの**データを並べ替える**機能があります。並べ替えのキーにしたい列のセルをどこかクリックしたあと、[ホーム]タブの[並べ替えとフィルター]ボタンをクリックし、メニューの中の**[昇順]**か**[降順]**をクリックします。昇順は数の小さい順で、降順は数の大きい順です。

いま取り上げている例では、上昇率が高い銘柄を探そうとしています。したがって、上昇率の列(E列)のセルをクリックしたあと、[ホーム]タブの[並べ替えとフィルター]→[降順]ボタンをクリックします。

ここまでで、2018年12月26日から2019年3月4日の間で、株価の上昇率が高かった順に銘柄を並べ替えることができました(図4-20)。

図4-20 2018年12月26日から2019年3月4日で、株価の上昇率が高かった順に銘柄を並べ替えた

	A	B	C	D	E
1	証券コー	銘柄名	2018/12/	2019/3	上昇率
76	3647	ジースリーホ	64	305	376.56%
77	6300	アビック	155	562	262.58%
78	6777	ｓａｎｔｅｃ	656	2131	224.85%
79	4563	アンジェス	314	1010	221.66%
80	6840	ＡＫＩＢＡホ	1051	3050	190.20%
81	4588	オンコリスバ	836	2361	182.42%
82	6867	リーダー電子	411	1130	174.94%
83	7612	Ｎｕｔｓ	51	139	172.55%
84	3135	マーケットエ	522	1322	153.26%
85	6944	アイレックス	1458	3670	151.71%
86	2928	ＲＩＺＡＰグ	171	405	136.84%
87	4766	ピーエイ	119	280	135.29%
88	4579	ラクオリア創	843	1964	132.98%
89	3622	ネットイヤー	327	749	129.05%
90	6554	エスユーエス	518	1161	124.13%
91	4594	ブライトパス	165	368	123.03%
92	6327	北川精機	257	550	117.51%

株価のデータを使う場合の注意

過去の株価のデータを分析の対象にする場合は注意が必要です。

p.254で述べたように、株価データ倉庫などから過去の株価のデータをダウンロードすると、**株式分割や併合の調整が行われていない株価が得られます**。そのため、過去の株価と、現在の株価や指標とを比較して分析しようとすると、正しくない結果になることがあります。

先ほどの図4-20の例でも、上昇率1位のジー・スリーホールディングスが正しくない結果になっています。ジー・スリーホールディングスは2019年2月26日に5：1の株式併合を行っていて、その前後で株価の水準が変わっています。

株式併合後の状態に合わせて修正すると、2018年12月26日の株価は64円ではなく、その5倍の320円になります。したがって、正しくは320円から305円に値下がりしたことになり、上昇率はマイナスです。

なお、2016年4月以降に株式分割・併合を行った（または今後行う予定の）銘柄の一覧は、松井証券の以下のページで見ることができます。ここから得たデータを元に株価を修正することで、正しい分析を行うことができます。

株式分割の一覧　https://ca.image.jp/matsui/

株式併合の一覧　https://ca.image.jp/matsui/?type=5

また、株価のデータをGC HELLO TREND MASTERから得れば、株式分割／併合について修正済みの株価を使うことができます（➡ p.254）。

＋ **Chapter 4** ＋

ピボットテーブルで銘柄のグループごとの傾向を分析する

投資対象を検討する際に、スクリーニングで個別の銘柄を探すことは多いですが、「銘柄のグループの傾向」で判断することも考えられます。Excelの「ピボットテーブル」を使うと、そのような傾向を分析することができます。

◤ グループごとの傾向を知りたい場合がある

　株式市場には多くの銘柄が上場していますが、それらの銘柄をグループに分けることもよく行われます。業種・上場先の市場・株価水準など、グループに分ける方法はいろいろあります。

　株価の動きを見ていると、**特定のグループに属する銘柄が、他のグループの銘柄よりも動きがよい（悪い）という場面**も少なくありません。たとえば、よくいわれる話として、「割安な銘柄は株価が上がりやすい」といったことがあります。

　そこで、**グループごとの値動きを検証してみて、投資先の銘柄を選ぶ際の判断に活かす**ことが考えられます。

　Excelには、グループごとの集計を行うのに便利な機能として「**ピボットテーブル**」があります。データをグループに分けて、グループごとの集計（合計や平均など）を簡単に出すことができ、分析の際に重宝します。

◤ 分析の元になるデータを集める

　前の節で、2018年12月26日から2019年3月4日の間で、株価が上がった銘柄を探すという例を紹介しました。この例をさらに進めて、どのようなグループの銘柄の株価が上がったのかを調べてみることにします。グループの分け方として、**市場・業種・株価水準・PER・PBR**を

267

使えるようにします。

　その第一歩として、分析の元になるデータを集めます。前の節で株価の情報は得られていますので、2018年12月26日時点の市場やPERなどのデータを別のところから得て、それらと株価のデータを合成します。

　KABU＋のStandardプラン以上であれば、特定の日の投資指標などのデータを得ることができますので、それを使うことにします（➡ p.249）。

▌データのダウンロード

　2018年12月26日時点の投資指標のデータは、以下の手順でダウンロードすることができます。

❶ KABU＋のトップページにアクセスします（https://kabu.plus/）。
❷ ［投資指標データ］のところの［株式全銘柄］ボタンをクリックします。
❸ ログイン画面が開きますので、ユーザー名とパスワードを入力してログインします。
❹ 先頭20銘柄の指標一覧のページが表示されます。その左下の方にある［ヒストリカルデータ］のリンクをクリックします。
❺ 再度ログイン画面が表示された場合は、ユーザー名とパスワードを入力してログインします。
❻ ヒストリカルデータの一覧が表示されますので、ページを下の方にスクロールし、［japan-all-stock-data_20181226.csv］のリンクをクリックして、ファイルをダウンロードします。

　ダウンロードしたファイルはCSV形式になっています。Excelでファイルを開く際に、ファイル選択ダイアログボックスの右下の部分で、ファイルの種類として「テキストファイル」を選ぶと、CSVファイルを開くことができます（➡ p.252）。

268

情報を追加するための準備

前の節で作った株価データのファイルに、市場等のデータを追加します。まず、そのための準備として項目名を追加します。

E列に上昇率が入っていますが、D列とE列の間に列を7つ挿入します。そして、E1〜K1セルに、表4-1のとおり入力します（図4-21）。

なお、市場／業種／PER／PBRの列には、**VLOOKUP関数**を使ってKABU＋からダウンロードしたデータを入れます。株価水準／PER水準／PBR水準は、あとで計算して求めます。

表4-1 E1〜K1セルに入力する文字

セル	入力する文字
E1	市場
F1	業種
G1	株価水準
H1	PER
I1	PER水準
J1	PBR
K1	PBR水準

図4-21 E1〜K1セルに「市場」などの文字を入力する

KABU＋のデータから必要な部分をコピーする

次に、KABU＋からダウンロードしたデータを開き、以下の各列をコピーして、順にワークシートのN列以降に貼り付けます。

❶ A列（SC）
❷ C列（市場）
❸ D列（業種）
❹ I列（PER予想）
❺ J列（PBR実績）

ただ、株価データ倉庫のデータでは、日経平均株価とTOPIXの証券コードをそれぞれ1001／1002としているのに対し、KABU＋のデータではそれぞれ0001／0002としています。そこで、いま貼り付けたKABU＋のデータの中で、日経平均株価とTOPIXの証券コード（N2セルとN3セル）を、それぞれ1001／1002に書き換えます（図4-22）。

図4-22 KABU＋のデータから必要な部分をコピーしたところ

VLOOKUP関数で市場の情報を入れる

VLOOKUP関数を使って、N～R列に入っているKABU＋のデータから**市場**の情報を得て、E列（市場の列）に入れます。

最初の銘柄である日経平均株価の行で、市場のセル（E2セル）に、以下の手順でVLOOKUP関数を入力します。

❶ 「=VLOOKUP(」まで入力します。
❷ A2セルの証券コードを元にN～R列の表のデータを探しますので、A2セルをクリックして、「=VLOOKUP(A2」まで入力します。
❸ VLOOKUP関数の続きに「,」と入力します。
❹ N～R列のデータから検索しますので、N～R列のデータが入っているセル範囲をすべて選択し、VLOOKUP関数の続きにセル範囲を入力します。そして、F4キーを1回押して、セル範囲の行番号／列番号それぞれの前に「$」が付くようにします。
❺ VLOOKUP関数の続きに「,」と入力します。
❻ N～R列の中で、「市場」は左から2列目にありますので、VLOOKUP関数の続きに数字の「2」を入力します。
❼ VLOOKUP関数の続きに「,FALSE)」と入力します（図4-23）。
❽ Enterキーを押して式を確定します。

図4-23 日経平均株価の市場のセルにVLOOKUP関数を入力する

VLOOKUP関数で業種／PER／PBRの情報を入れる

市場と同じ要領で、**業種／PER／PBR**の情報を得るためのVLOOKUP関数を、2行目の各項目のセル（F2／H2／J2セル）に入力します。

筆者がKABU＋から得たデータだと、2行目～3740行目にデータが入っていました。そのため、F2／H2／J2セルには、それぞれ以下の式を入力しました（図4-24）。

F2セル

```
=VLOOKUP(A2,$N$2:$R$3740,3,FALSE)
```

H2セル

```
=VLOOKUP(A2,$N$2:$R$3740,4,FALSE)
```

J2セル

```
=VLOOKUP(A2,$N$2:$R$3740,5,FALSE)
```

図4-24 業種／PER／PBRの列にVLOOKUP関数を入力する

=VLOOKUP(A2,$N$2:$R$3740,5,FALSE)							
E	F	G	H	I	J	K	L	M
市場	業種	株価水準	PER	PER水準	PBR	PBR水準	上昇率	
東証	株価指数		-		=VLOOKUP(A2,$N$2:$R$3740,5,FALSE)			
						13.70%		

VLOOKUP関数の式をコピーする

最初の銘柄にVLOOKUP関数の式を入力したら、それらのセルをコピーして、残りの銘柄のセルに貼り付けます。いま取り上げている例だと、E2～J2セルをコピーして、3行目以降のすべての銘柄に貼り付けます（図4-25）。

図4-25 VLOOKUP関数の式を全銘柄にコピーした

A1			× ✓ fx	証券コード						
	A	B	C	D	E	F	G	H	I	J	K
1	証券コード	銘柄名	2018/12/26	2019/3/4	市場	業種	株価水準	PER	PER水準	PBR	PBR水準
2	1001	日経２２５	19327	21822	東証	株価指数		-		-	
3	1002	東証指数	1431	1627	東証	株価指数		-		-	
4	1003	ＮＹ円相場	11041	11195	#N/A	#N/A		#N/A		#N/A	
5	1008	円ユーロ	12592	12723	#N/A	#N/A		#N/A		#N/A	
6	1011	日経平均先物	19390	21820	#N/A	#N/A		#N/A		#N/A	
7	1012	TOPIX先物	1437	1626	#N/A	#N/A		#N/A		#N/A	
8	1013	JASDAQ指数	13119	15410	#N/A	#N/A		#N/A		#N/A	

必要なデータだけをフィルターする

いまの時点でワークシートを見ると、値が「#N/A」になっているセルや、「−」になっているセルがあります。これらは分析の妨げになりますので、**フィルター**を使って、これらを含む銘柄を除外します。

［ホーム］タブの［並べ替えとフィルター］→［フィルター］メニューを選び、フィルターをオンにします。そして、1行目の各列のセルで右端にある［▼］をクリックし、それぞれの列で「#N/A」などの無効なデータのチェックをオフにします（図4-26）。

図4-26 「#N/A」などの無効なデータをフィルターで除外する

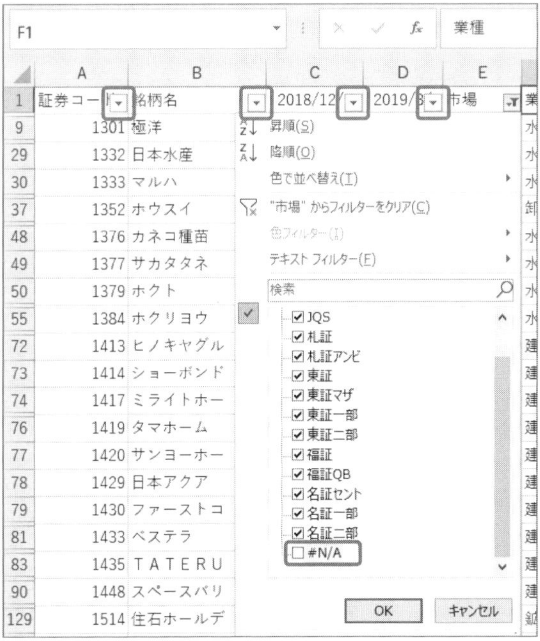

また、それ以外の条件も指定して、必要なデータだけにフィルターすることもできます。たとえば、**東証一部銘柄**だけを分析の対象にしたい場合なら、1行目の「市場」のセルで［▼］をクリックし、「すべて選択」のチェックをオフにしたあと、「東証一部」だけチェックをオンにします。

273

■ フィルター後のデータを別のワークシートにコピーする

すべての列でフィルターを設定して、必要なデータだけに絞り込むことができたら、それらのデータをすべてコピーして、別の空のワークシートに貼り付けます。

◢ 株価が上がった市場／業種を調べる

それでは、**ピボットテーブル**を使って、**市場／業種ごとに値上がり率の平均を出し、どの市場／業種が上がったのか**を調べてみましょう。

■ 行／列／値のフィールドを設定する

まず、必要なデータだけがあるワークシートに切り替えて、データが入っているどこかのセルをクリックします。そして、［挿入］タブの左端にある［ピボットテーブル］ボタンをクリックします。

すると、［ピボットテーブルの作成］というダイアログボックスが開きます。ここは設定を変えずに、そのまま［OK］ボタンをクリックします。

これで、ピボットテーブルの設定を行う状態になります。画面の右端に［ピボットテーブルのフィールド］という部分があり、表の各列（フィールド）の名前が表示されています。この部分でピボットテーブルを設定していきます。

［ピボットテーブルのフィールド］の部分で、グループ分けに使うフィールドと、集計するフィールドを設定します。**グループ分けに使うフィールドは、［行］または［列］の欄にドラッグします。**そして、**集計するフィールドは［値］の欄にドラッグします。**

いま取り上げている例では、市場ごと／業種ごとに上昇率の平均を出します。したがって、**グループ分けに使うフィールドは市場と業種**で、**集計するフィールドは上昇率**です。市場のフィールドを［列］にドラッ

274

グし、業種のフィールドを[行]にドラッグします。そして、上昇率のフィールドを[値]にドラッグします(図4-27)。

図4-27 業種／市場／上昇率の各フィールドを、行／列／値の欄にドラッグする

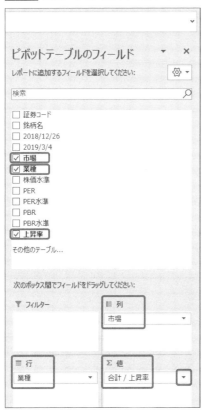

集計方法と表示形式を設定する

　ここまでで、市場／業種ごとに上昇率を集計する状態になりました。ただ、上昇率の合計を出す形になり、平均ではありません。また、結果が小数で表示されて見やすくありません。これらの設定を変えます。
　集計方法を変えるには、[値]の部分で対象のフィールドの右端にある[▼]をクリックし、メニューの[値フィールドの設定]をクリックします。

すると、[値フィールドの設定]というダイアログボックスが開きます。集計方法が「合計」になっていますので、「平均」を選びます（図4-28）。
　また、このダイアログボックスの左下の[表示形式]のボタンをクリックすると、集計した値の表示形式を設定するダイアログボックスが開きます。[分類]の部分で「パーセンテージ」を選び、[小数点以下の桁数]の欄を「2」に変えます（図4-29）。

図4-28 集計方法を平均に変える

図4-29 集計結果の表示形式を変える

ピボットテーブルの結果を見る

ここまででピボットテーブルの設定は終わりで、**市場／業種ごとの上昇率の平均**を見ることができます（図4-30）。なお、結果に何も表示されない場合は、［ピボットテーブル分析］タブの［更新］ボタンをクリックします。

図4-30 市場／業種ごとの上昇率の平均が求められた

行ラベル	JQG	JQS	札証	札証アンビ	東証マザ	東証一部	東証二部	福証	福証QB	名証セント	名証一部	名証二部	総計
5 ガラス土石		17.45%					3.13%					0.00%	15.52%
6 ゴム製品		13.66%					.93%						10.94%
7 サービス		...74%	19.09%				.61%	40.40%			-21.36%		14.78%	19.76%
8 その他金融					21.68%	18.75%	10.80%						17.88%
9 その他製品					-3.31%	16.56%	24.05%				16.45%		17.81%
10 パルプ・紙					13.69%	12.34%	6.99%				1.91%		12.55%
11 医薬品		17.22%				13.30%	45.17%						15.05%
12 卸売	36.62%	17.35%		-18.01%	15.53%	17.22%	2.40%	16.14%	12.89%	15.12%	6.39%		15.57%
13 化学	23.66%	16.34%			16.95%	18.80%	8.74%						17.14%
14 海運					5.15%	13.96%							8.68%
15 機械		22.47%			32.00%	19.24%	21.29%				16.55%		20.26%
16 金属製品		13.88%			30.08%	18.28%	16.80%		12.85%		16.06%		17.14%
17 銀行						6.47%	0.28%						6.17%
18 空運					14.88%	11.19%							13.40%
19 建設	6.01%	15.08%	2.48%		26.20%	11.67%	19.48%	10.57%	25.31%		18.07%		13.54%
20 鉱業						14.20%							14.20%
21 小売		12.59%			26.80%	8.43%	15.76%	2.13%			24.18%	3.02%	11.25%
22 証券・先物					22.04%	11.21%	14.67%						14.07%
23 情報通信	24.52%	29.26%		6.67%	26.44%	20.81%	27.92%		-11.50%	49.59%	-0.43%		24.34%
24 食料品		7.63%	2.23%			8.65%	9.17%				2.50%		8.45%
25 水産・農林		10.02%				13.55%							12.27%
26 精密機器	25.12%	20.01%				23.75%	31.26%						23.44%
27 石油・石炭						14.11%	13.58%						14.01%
28 繊維製品		6.15%				18.45%	17.52%					3.16%	17.72%
29 倉庫・運輸		2.62%				16.22%	14.49%					-0.12%	14.18%
30 鉄鋼		21.82%				16.36%	17.79%				12.09%	10.32%	16.97%
31 電気・ガス						11.29%	1.99%						10.40%
32 電気機器		36.75%			13.88%	20.88%	26.20%				4.42%	12.33%	24.17%
33 非鉄金属		13.34%			-6.61%	21.14%	24.13%						19.94%
34 不動産	9.50%	16.18%			23.47%	16.26%	32.68%		13.97%	9.29%			18.51%
35 保険		9.01%			48.83%	6.87%							14.04%
36 輸送用機器		13.58%				16.26%	15.88%					12.97%	15.78%
37 陸運		16.59%	9.95%			14.51%	12.70%	35.49%				0.43%	14.34%
38 総計	20.77%	19.64%	5.42%	4.58%	24.67%	15.80%	18.73%	9.18%	11.79%	23.43%	7.80%	9.37%	17.31%

（図中の注記：JQS → JASDAQ スタンダード、JQG → JASDAQ グロース）

この結果の一番下の行に、**市場ごとの平均**があります。この行を見ると、市場では東証マザーズがもっともよく、JASDAQ スタンダードや東証二部も比較的よいことがわかります。一方、東証一部はそれらの市場よりも上昇率がやや低かったことがわかります。

また、右端の列には**業種ごとの平均**があります。こちらを見ると、電気機器／情報通信／精密機器の業種の上昇率がよかったことがわかります。一方、食料品や電気・ガスはよくなかったことがわかります。

277

表の残りの部分には、市場／業種を組み合わせた平均が求められています。たとえば、「ガラス土石」の行の「東証一部」の列の値は、東証一部の中で、ガラス・土石の業種に属する銘柄の上昇率を平均した値です。

◢ 株価水準と上昇率の関係を調べる

　今度は、**株価の水準と上昇率の関係**を調べてみます。また、これから解説する考え方を応用すると、PER水準やPBR水準と上昇率の関係を調べることもできます。

■ 株価に順位をつけてグループに分ける

　株価の水準でグループに分ける場合、「200円以下」「200円超300円以下」など、**具体的な株価でグループに分ける**方法が考えられます。

　ただ、このように分けると、グループごとに銘柄の数に差が出ます。銘柄が少ないグループの中に、とびぬけて上昇率が高い銘柄があると、その銘柄の上昇率に引きずられて、そのグループの上昇率の平均が異常に上がってしまうということが起こり得ます。

　また、株価の範囲でグループに分けるにはIF関数を使いますが、IF関数の式が複雑になるという問題もあります。

　そこで、株価の低い順に銘柄に順位をつけて、順位でグループに分けるという方法を取ります。たとえば、銘柄が2,000あって、それらを20のグループに分けるなら、1位〜100位、101位〜200位、……、1,901位〜2,000位のように100位ずつに分けます。

　順位を求めるには、Excelの**「RANK」**という関数を使います。値が小さい順に順位をつけるなら、以下のような書き方をします。

```
=RANK(数値,参照,1)
```

「数値」には、順位をつけたい値が入っているセルを指定します。また、「参照」にはすべてのデータが入っているセル範囲を指定します。

次に、RANK関数の結果を、1グループあたりの銘柄数で割り算し、その小数点以下を切り捨てて、グループの番号を求めます。それには**「FLOOR」**という関数を使います。RANK関数と組み合わせて以下のように書きます。

```
=FLOOR((RANK(数値,参照,1)-1)/1グループあたりの銘柄数,1)+1
```

図4-31は、実際に式を入力してみた例です。筆者が行った例では、全部で3,274銘柄あり、それを20個のグループに分けています。3,274÷20≒164なので、1グループあたりの銘柄数を164にしました。最初の銘柄（極洋）の株価水準（G2セル）に、以下の手順で式を入力しました。

❶ 「=FLOOR((RANK」まで入力します。
❷ 2018年12月26日の極洋の株価のセル（C2セル）をクリックし、式の続きに「C2」を入力します。
❸ 「,」を入力します。
❹ 2018年12月26日の全銘柄の株価のセル範囲（C2～C3275）を選択したあと、 F4 キーを1回押して、式の続きに「$C$2:$C$3275」を入力します。
❺ 式の残りの部分の「,1)-1)/164,1)+1」を入力します。

図4-31 RANK関数とFLOOR関数を組み合わせて株価が低い順にグループに分ける

COUNTIF				▼	:	×	✓	fx	=FLOOR((RANK(C2,$C$2:$C$3275,1)-1)/164,1)+1		
	A	B	C	D	E	F	G	H		J	K	
1	証券コード	銘柄名	2018/12/26	2019/3/4	市場	業種	株価水準	PER	PER水準	PBR	PBR水準	上昇率
2	1301	極洋	2699	3010	東証一部	水産・農林	=FLOOR((RANK(C2,$C$2:$C$3275,1)-1)/164,1)+1					11.52%
3	1332	日本水産	599	774	東証一部	水産・農林		11.66		1.29		29.22%
	1333	マルハ	2595	2765	東証一部	水産・農林		11.1		1.57		5.02%

そして、G2セルをコピーして、G3セル以降のG列の各銘柄のセルに貼り付けます。これで、各銘柄の株価水準のセルに、グループの番号（1～20）が入ります。

279

同様の手順で、PERやPBRも、値が低い順にグループに分けることができます。図4-31の例だと、最初の銘柄（極洋）のPER水準（I2セル）とPBR水準（K2セル）に、それぞれ以下の式を入力します。

I2セル

```
=FLOOR((RANK(H2,$H$2:$H$3275,1)-1)/164,1)+1
```

K2セル

```
=FLOOR((RANK(J2,$J$2:$J$3275,1)-1)/164,1)+1
```

そのあと、I2セルをコピーしてI列の他の銘柄のセルに貼り付けます。また、K2セルもコピーしてK列の他の銘柄のセルに貼り付けます。

ピボットテーブルで株価水準ごとの上昇率の平均を求める

次に、ピボットテーブルを作成して、**株価水準ごとの上昇率の平均**を求めます。基本的な手順は、市場／業種ごとの上昇率の平均を求めたときと同じで以下のようになります（➡p.274）。

❶ ［挿入］タブの［ピボットテーブル］ボタンをクリックします。

❷ 表示されるダイアログボックスで［OK］ボタンをクリックします。

❸ ピボットテーブルのワークシートが追加されます。

❹ ［ピボットテーブルのフィールド］部分で「株価水準」のフィールドを選び、その下の［行］の部分までドラッグします。

❺ 「上昇率」のフィールドを選び、その下の［値］の部分までドラッグします（図4-32）。

❻ ［値］の部分で上昇率フィールドの右端の［▼］をクリックし、メニューの［値フィールドの設定］を選びます。

❼ ［値フィールドの設定］ダイアログボックスで、集計方法を「平均」に変えます。

❽ ダイアログボックス左下の［表示形式］ボタンをクリックし、［セル

の書式設定]ダイアログボックスを開きます。

❾ [分類]の部分で「パーセンテージ」を選び、[小数点以下の桁数]の欄を「2」に変えます。

❿ [OK]ボタンをクリックして、ダイアログボックスを順次閉じます。

図4-32 ピボットテーブルの設定

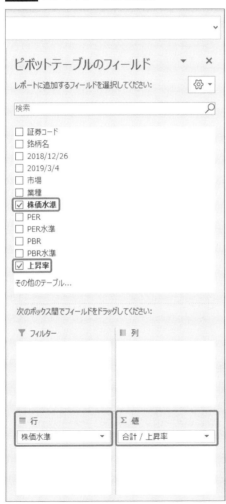

ここまでの手順を行った結果は、図4-33のようになります。もっとも株価水準が低い1番のグループでは、上昇率の平均が29.45％あります。

　一方、もっとも株価水準が高い20番のグループでは、上昇率の平均が11.58％です。また、これらの間の各グループを見てみると、**株価水準が上がるにつれて、上昇率の平均が下がる傾向がある**ことがわかります。

　つまり、2018年12月26日から2019年3月4日のリバウンド局面では、株価が安い銘柄に投資していればよい結果が得られたことになります。

図4-33 株価水準ごとの上昇率の平均を求めた結果

3	行ラベル	平均 / 上昇率
4	1	29.45%
5	2	23.73%
6	3	19.69%
7	4	21.30%
8	5	22.60%
9	6	17.30%
10	7	16.25%
11	8	17.75%
12	9	19.18%
13	10	17.65%
14	11	16.59%
15	12	15.29%
16	13	15.61%
17	14	14.15%
18	15	13.77%
19	16	13.62%
20	17	14.84%
21	18	13.03%
22	19	12.65%
23	20	11.58%
24	総計	17.31%

結果をグラフ化する

ピボットテーブルの結果は数字の羅列なので、見た目ですぐに傾向を判断しにくいです。そこで、**結果をグラフにして、視覚的にわかりやすくする**とよいでしょう。

ピボットテーブルの結果のセル範囲でどこかのセルをクリックし、［ピボットテーブル分析］タブの［ピボットグラフ］のボタンをクリックすると、ピボットテーブルの集計結果をグラフ化することができます。このグラフを**「ピボットグラフ」**と呼びます。

最初に［グラフの種類］というダイアログボックスが開きますので、グラフの種類を選びます。これで、ピボットグラフが作成されます。

いま取り上げている例で、集計結果を棒グラフにしてみると、図4-34のようになります。株価水準が上がるほど、上昇率の平均が下がる傾向があることがわかります。

図4-34 ピボットテーブルの結果をグラフ化する

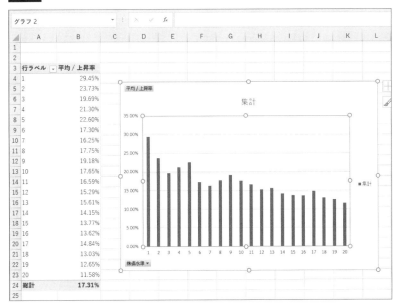

＋ Chapter 4 ＋

分散投資のリスク軽減効果を調べる

株式などの値動きがある金融商品に投資する際には、分散投資してリスクを
下げることが必要です。この節では、リスク分散の効果や、リスクをなるべ
く下げる投資割合などをExcelで調べる方法を解説します。

◢ リターンとリスクを数学的に表す

投資の格言の1つに、**「卵を1つのカゴに盛るな」**というものがありま
す。分散投資の重要性を説く格言です。

1つの銘柄だけに資金を集中して投資していると、その銘柄の株価が
大幅に値下がりしたときに深刻な損失を負うことになってしまいます。
しかし、**複数の銘柄に分散して投資していれば、その中の1つの銘柄の
株価が大幅に下がったとしても、資産全体の値下がりはそれほど大きく
ならずに済みます。**

「ハイリスク・ハイリターン」や「ローリスク・ローリターン」という
言葉は、投資に限らず、日常生活でもよく使います。

リターンは、投資によって得られる利益を表します。株の場合だと、
株価の値上がりによって得られる利益や、保有し続けることで得られる
配当がリターンにあたります。一方の**リスク**は、「リターンの変動の大
きさ」を表します。

株式などに投資する場合の**リターンとリスクを考える際には、数学的
な考え方を取ります。**

まず、**「期待リターン」**を考えます。これは、将来に期待できそうな
リターンの平均値のことです。たとえば、「期待リターンは年5％」とい
うように考えます。

ただ、将来を予測するのは難しいことです。いろいろな予測方法があ

りますが、もっとも簡単な方法として、**過去の実績を使う**ことが考えられます。これまでの年別や月別のリターンを求め、それらを平均して期待リターンの代わりにします。

また、リスクは数学的には**「標準偏差」**という値で表します。標準偏差は統計学で出てくる考え方で、多数のデータがあるときに、それぞれのデータが平均からどの程度散らばっているかを表す値です。式で表すと以下のようになります。

$$標準偏差 = \frac{\sqrt{(個々のデータ - 平均)^2 の合計}}{データの数}$$

Excelで標準偏差を求めるには、**「STDEVP」**という関数を使います。以下のように、データが入っているセル範囲を指定すると、そのデータの標準偏差を求めることができます。

=STDEVP(データのセル範囲)

◢ 2銘柄に分散投資したときのリターンとリスク

先ほど、「分散投資するとリスクを軽減できる」という話をしました。このことは、数学的にも明らかになっています。

もっとも単純な分散投資として、2つの銘柄に分散投資する場合を取り上げます。それぞれの銘柄の期待リターンをr_A／r_B、リスクをσ_A／σ_B、投資割合をw_A／w_B、そして、2つの銘柄の間の「相関係数」という値をρ_{AB}で表すとします。

相関係数とは、2つの銘柄のリターンの関連性を表す値です。「Aが上がればBも上がる」というように、関連性が高いと、1に近い値になります。一方、「Aが上がればBは下がる」というように、逆の関連性が高いと、−1に近い値になります。また、AとBにあまり関係がないとき

には、相関係数は0に近い値になります。

　これらの値を元にして、分散投資の期待リターンとリスクは、以下のように求められることが知られています。

期待リターン＝$w_A \times r_A + w_B \times r_B$

リスク ＝ $\sqrt{(w_A \times \sigma_A)^2 + (w_B \times \sigma_B)^2 + 2 \times \rho_{AB} \times w_A \times \sigma_A \times w_B \times \sigma_B}$

　式を見ても意味がわかりにくいと思いますので、文章と図で表します。

　まず**期待リターンですが、こちらは投資割合に応じて直線的に変化します**。たとえば、AとBの2銘柄の期待リターンがそれぞれ3％／5％の場合、銘柄Bの投資割合を増やすにつれて、分散投資全体の期待リターンは直線的に上がっていきます（図4-35）。

図4-35 2つの銘柄に分散投資した場合の投資割合と期待リターンの関係の例

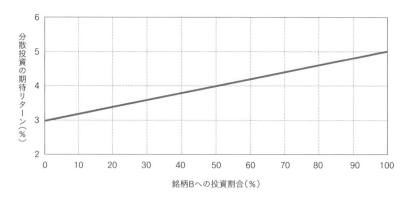

一方の**リスクの変化は、直線にはならず、カーブを描きます**。リスクが高い銘柄の投資割合を増やせばリスクは上がりますが、投資割合が0に近い範囲ではそれほどリスクは上がりません。

　たとえば、AとBの2銘柄のリスクがそれぞれ4％／12％で、両者の相関係数が0.3だとすると、銘柄Bの投資割合を変えたときのリスクの変化は図4-36のようになります。

図4-36 2つの銘柄に分散投資した場合の投資割合とリスクの関係の例

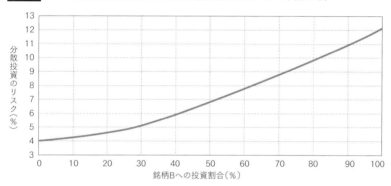

　このように、**期待リターンとリスクが異なる2つの銘柄に分散投資することで、ローリスク・ローリターンの銘柄だけに投資したときと比べてリスクをあまり増やさずに期待リターンを上げる**ことができます。

　ちなみに、相関係数が-1の組み合わせだと、理論上は、リスクが0でリターンが得られるという投資比率が存在します。もっとも、**相関係数が-1になり、かつリターンが得られるような銘柄の組み合わせは現実にはまず存在しません**。

◢ 分析ツールのインストール

このあと、Excelを使って、分散投資した場合の期待リターンとリスクを求める方法を解説します。その準備として、**「分析ツール」**というアドインをインストールします。分析ツールはExcelに標準で付属しているアドインで、統計関係の各種の機能があります。

分散投資する際のリスクを計算するには、**各銘柄どうしの相関係数を求める**ことが必要です。分析ツールには複数のデータ群の相関係数を求める機能がありますので、それを使います。

p.60でソルバーのインストールを解説しましたが、分析ツールもそれと同じ手順でインストールできます。アドインの種類を選ぶダイアログボックスで「分析ツール」のチェックをオンにします（図4-37）。

図4-37 分析ツールのインストール

◢ 分散投資の期待リターンとリスクを求める

それでは、分散投資の期待リターンとリスクを求めてみましょう。なお、ここでの手順を実際に行ったサンプルファイルは、「return_risk1.xlsx」です。

各銘柄の月間騰落率を求める

　まず、分散投資するそれぞれの銘柄について、期待リターンとリスクを求めます。その準備として、**月間騰落率**を求めます。

　期待リターンは、p.284で述べたように、過去の株価の動きから求めます。**過去のそれぞれの月で月間騰落率を求め、それらを平均した値を期待リターンとします**。ある月の月間騰落率は、その月の始値と、翌月の始値から以下のように求めます。

月間騰落率＝翌月の始値÷その月の始値－1

　例として、トヨタ自動車(7203)／武田薬品工業(4502)／ソニー(6758)の3銘柄に分散投資するものとして、それぞれの期待リターンとリスクを求めます。また、元となる株価のデータとして、2014年1月〜2018年12月の5年分を使うことにします。

　まず、各銘柄の月足データを作成し(➡第2章)、そこから始値のデータをコピーして、1枚のワークシートに並べます。そして、前述の式で、各銘柄の月間騰落率を求めます。

　次ページの図4-38は、トヨタ自動車の2014年1月の月間騰落率を求めているところです。2014年1月と、その翌月の2月の始値は、それぞれB3／B4セルに入っています。これらから、2014年1月の月間騰落率は以下の式で求めることができます。この式をE3セルに入力しています。

```
=B4/B3-1
```

　そして、E3セルをコピーして、残り2銘柄のセル(F3セルとG3セル)に貼り付け、さらにE3〜G3セルをコピーしてそれぞれの月のセルに貼り付けて、各銘柄のすべての月の月間騰落率を求めます。

図4-38 トヨタ自動車の2014年1月の月間騰落率を求める

	A	B	C	D	E	F	G
COUNTIF					× ✓ fx	=B4/B3-1	
1		株価			月間騰落率		
2		トヨタ	武田	ソニー	トヨタ	武田	ソニー
3	2014/1/1	6360	4820	1815	=B4/B3-1		
4	2014/2/1	5880	4770	1603			
5	2014/3/1	5793	4835	1738			
6	2014/4/1	5839	4892	1993			

各銘柄の期待リターンとリスクを求める

次に、各月の月間騰落率から期待リターンとリスクを求めます。

期待リターンは、**AVERAGE関数**を使って、各月の月間騰落率を平均し、それを12倍して年率に換算します。たとえば、トヨタ自動車の各月の月間騰落率をE3〜E61セルに求めたとすると、期待リターンは以下のAVERAGE関数で求めることができます（図4-39）。

```
=AVERAGE(E3:E61)*12
```

また、**リスク**は月間騰落率の標準偏差をまず求め、それを$\sqrt{12}$倍して年単位の値に換算します。標準偏差は**STDEVP関数**、ルートは**SQRT関数**で求めることができます。たとえば、トヨタ自動車の各月の月間騰落率をE3〜E61セルに求めたとすると、リスクは以下の式で求めることができます（図4-40）。

```
=STDEVP(E3:E61)*SQRT(12)
```

同様の手順で、武田薬品工業とソニーの期待リターンとリスクも求めます。また、あとで分散投資した場合の期待リターンとリスクも求めますので、その準備として、投資割合を入力する部分と、分散投資の期待リターン／リスクを求める部分も用意しておきます（図4-41）。

図4-41で期待リターンとリスクを見てみると、ソニーは期待リターンが高いですが、その分リスクも高くなっていることがわかります。

図4-39 トヨタ自動車の期待リターンを求める

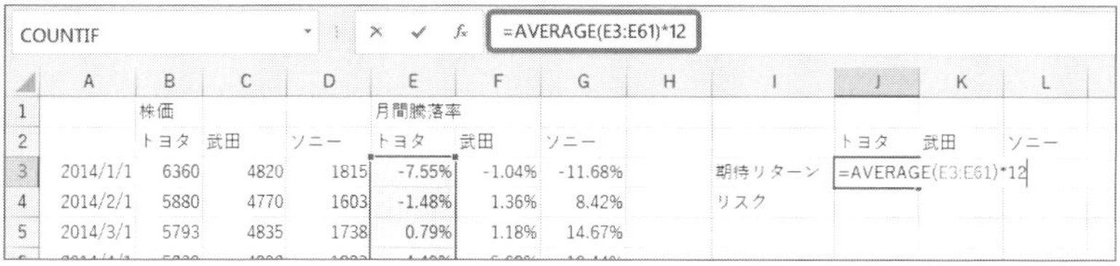

図4-40 トヨタ自動車のリスクを求める

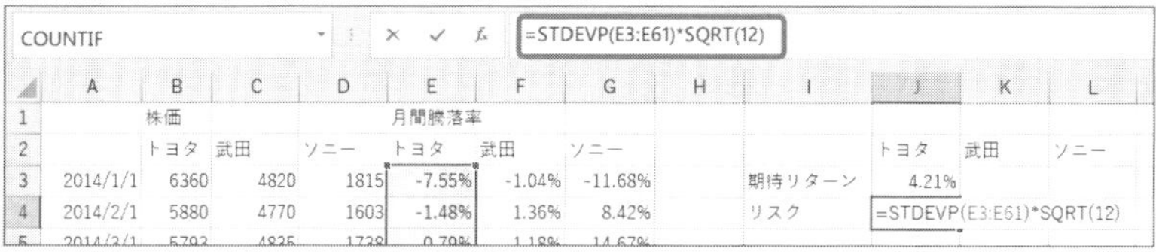

図4-41 各銘柄の期待リターンとリスクを求めた

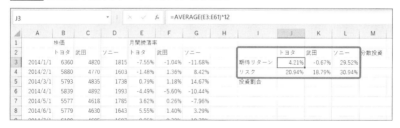

各銘柄間の相関係数を求める

分散投資したときのリスクを求める際には、**各銘柄間の相関係数**を使います。そこで、分析ツールを使って相関係数を求めます。

［データ］タブの［分析］部分にある［データ分析］ボタンをクリックすると、［データ分析］ダイアログボックスが開き、分析ツールの一覧が表示されます。その中で「相関」を選んで［OK］ボタンをクリックします（図4-42）。

図4-42 分析ツールの中から「相関」を選ぶ

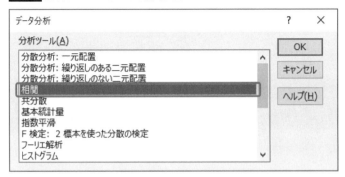

すると、［相関］というダイアログボックスが開きますので、以下の各項目を設定します（図4-43）。

❶ 入力範囲

この欄をクリックしたあと、ワークシートに切り替えて、相関係数を求める元のデータの範囲をドラッグして選択します。いま取り上げている例だと、3つの銘柄の月間騰落率を求めたセル範囲を、先頭行の銘柄名も含めて選択します（E2～G61セルを選択）。

❷ データ方向

「列」をオンにします。

■ ❸ 先頭行をラベルとして使用

チェックをオンにします。

■ ❹ 出力オプション

「出力先」をオンにし、その右の欄をクリックしたあとワークシートに切り替えて、結果の出力先のセルをクリックします。ここでは、各銘柄の期待リターンなどを求めた部分の下の範囲（I7セル以降）を出力先としますので、I7セルをクリックします。

図4-43 相関係数を求める設定

ここまでを終えて［OK］ボタンをクリックすると、各銘柄間の相関係数が求められます（図4-44）。結果を見ると、トヨタ自動車と武田薬品工業は相関係数が約0.324と低く、リスク分散の効果が期待できます。

図4-44 各銘柄間の相関係数が求められた

	A	B	C	D	E	F	G	H	I	J	K	L	M
1		株価			月間騰落率								
2		トヨタ	武田	ソニー	トヨタ	武田	ソニー			トヨタ	武田	ソニー	分散投資
3	2014/1/1	6360	4820	1815	-7.55%	-1.04%	-11.68%		期待リターン	4.21%	-0.67%	29.52%	
4	2014/2/1	5880	4770	1603	-1.48%	1.36%	8.42%		リスク	20.94%	18.79%	30.94%	
5	2014/3/1	5793	4835	1738	0.79%	1.18%	14.67%		投資割合				
6	2014/4/1	5839	4892	1993	-4.49%	-5.60%	-10.44%						
7	2014/5/1	5577	4618	1785	3.62%	0.26%	-7.96%		⊹	トヨタ	武田	ソニー	
8	2014/6/1	5779	4630	1643	5.55%	1.40%	3.29%		トヨタ	1			
9	2014/7/1	6100	4695	1697	-0.25%	0.32%	10.78%		武田	0.323976	1		
10	2014/8/1	6085	4710	1880	-2.00%	1.10%	5.43%		ソニー	0.497072	0.407989	1	
11	2014/9/1	5963	4762	1982	8.17%	-0.54%	-0.05%						

分散投資の期待リターンとリスクを求める

　最後に、**分散投資の期待リターンとリスク**を求めます。

　まず、投資割合の部分（J5～L5セル）に、各銘柄の投資割合を入力します。ここでは例として、トヨタ自動車とソニーに30％ずつ、武田薬品工業に40％とすることにします。

　期待リターンは、株式投資アドインに含まれる**「PRETURN」**という関数で求めます。この関数は以下のように入力します。

```
=PRETURN(各銘柄の期待リターンのセル範囲,
                    各銘柄の投資割合のセル範囲)
```

　いま取り上げている例だと、各銘柄の期待リターンのセル範囲はJ3～L3で、投資割合のセル範囲はJ5～L5です。したがって、分散投資の期待リターン（M3セル）には以下の式を入力します（図4-45）。

```
=PRETURN(J3:L3,J5:L5)
```

図4-45 分散投資の期待リターンを求める

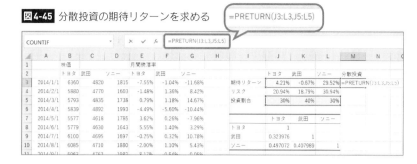

また、リスクは株式投資アドインの**「PRISK」**という関数で求めます。この関数は以下のように入力します。

```
=PRISK(各銘柄のリスクのセル範囲,銘柄間の相関係数のセル範囲,
              各銘柄の投資割合のセル範囲)
```

いま取り上げている例だと、各銘柄のリスクのセル範囲はJ4～L4、銘柄間の相関係数のセル範囲はJ8～L10、そして投資割合のセル範囲はJ5～L5です。したがって、分散投資のリスク（M4セル）には以下の式を入力します（図4-46）。

```
=PRISK(J4:L4,J8:L10,J5:L5)
```

図4-46 分散投資のリスクを求める

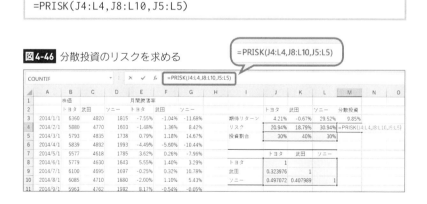

これらの式を入力したあと、M3セルとM4セルの表示形式を整えて、パーセントの小数点以下2桁まで表示すると、図4-47のようになりました。トヨタ自動車だけに投資する場合（期待リターン4.21%、リスク20.94%）と比較してみると、**分散投資では期待リターンがよくなっている一方、リスクは下がっていて、分散投資の効果が出ている**ことがわかります。

図4-47 分散投資の期待リターンとリスクを求めた

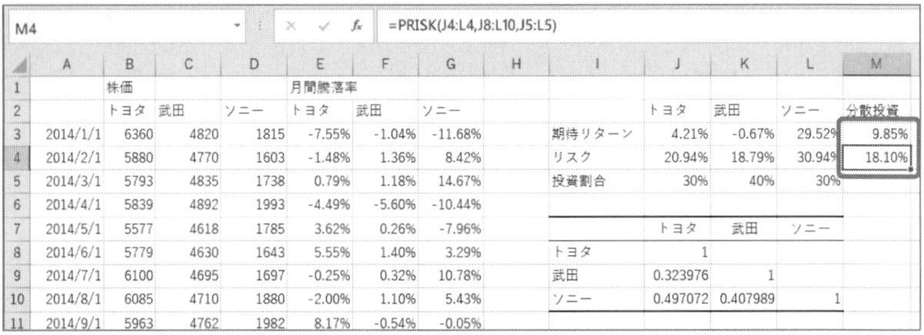

最適な投資割合を求める

　複数の銘柄に分散投資する場合、各銘柄への投資割合によって、期待リターンとリスクはさまざまな値を取ります。**同じ期待リターンを得られるなら、リスクはなるべく小さくなるようにするのが望ましい**です。
　そこで、ソルバーを使って、**最適な投資割合**を求めてみます。例として、期待リターンが12%になるような投資割合の中で、リスクが最小になる数値を求めます。

ソルバーの準備

　ここで取り上げる例では、「投資割合の合計は100%」という条件をソルバーに設定します。そこで、投資割合の合計を求めておきます。
　M5セル（投資割合の行で、分散投資の列のセル）に以下の式を入力し

296

て、各銘柄の投資割合の合計を求めるようにします（図4-48）。

```
=SUM(J5:L5)
```

図4-48 投資割合の合計を求めるための式を入力する

	A	B	C	D	E	F	G	H		J	K	L	M	
	COUNTIF				×	✓	fx	=SUM(J5:L5)						
1		株価			月間騰落率									
2		トヨタ	武田	ソニー	トヨタ	武田	ソニー			トヨタ	武田	ソニー	分散投資	
3	2014/1/1	6360	4820	1815	-7.55%	-1.04%	-11.68%		期待リターン	4.21%	-0.67%	29.52%	10.00%	
4	2014/2/1	5880	4770	1603	-1.48%	1.36%	8.42%		リスク	20.94%	18.79%	30.94%	18.16%	
5	2014/3/1	5793	4835	1738	0.79%	1.18%	14.67%		投資割合	32%	38%	30%	=SUM(J5:L5)	
6	2014/4/1	5839	4892	1993	-4.49%	-5.60%	-10.44%							
7	2014/5/1	5577	4618	1785	3.62%	0.26%	-7.96%			トヨタ	武田	ソニー		
8	2014/6/1	5779	4630	1643	5.55%	1.40%	3.29%		トヨタ	1				
9	2014/7/1	6100	4695	1697	-0.25%	0.32%	10.78%		武田	0.323976	1			
10	2014/8/1	6085	4710	1880	-2.00%	1.10%	5.43%		ソニー	0.497072	0.407989	1		
11	2014/9/1	5963	4762	1982	8.17%	-0.54%	-0.05%							

目的セルと変数セルの設定

次に、ソルバーを起動して、設定を行います。まず、**目的セル**と**変数
セル**を決めます。

今回の目的は、**分散投資した場合のリスクを最小にする**ことです。リ
スクはM4セルに求めています。

そこで、ソルバーのダイアログボックスで、［目的セルの設定］の欄
をクリックしたあと、ワークシートに切り替えて、M4セルをクリック
します。また、［目標値］のところでは「最小値」をオンにします。

目的を達成するために、各銘柄の投資割合を変化させます。したがっ
て、各銘柄の投資割合を入力した部分（J5〜L5セル）が変数セルにあた
ります。

ソルバーのダイアログボックスで［変数セルの変更］の欄をクリック
したあと、ワークシートに切り替えて、J5〜L5セルを選択します。

4 ファンダメンタル分析やスクリーニングにExcelを活かす

297

制約条件の設定

次に、**制約条件**として、以下の各条件を順に設定していきます。

❶ 期待リターン (M3セル) は12%
❷ トヨタ自動車の投資割合 (J5セル) は0%以上 100%以下
❸ 武田薬品工業の投資割合 (K5セル) は0%以上 100%以下
❹ ソニーの投資割合 (L5セル) は0%以上 100%以下
❺ 投資割合の合計 (M5セル) は100%

ソルバーのダイアログボックスで［追加］ボタンをクリックし、制約条件を追加するダイアログボックスを開き、条件を設定します。

❶の条件を設定するには、まず［セル参照］の欄をクリックしたあと、ワークシートのM3セルをクリックします。次に、その右の欄で「＝」を選び、右端の［制約条件］の欄に「12%」を入力します（図4-49）。

図4-49 「期待リターン（M3セル）は12%」の制約条件の設定

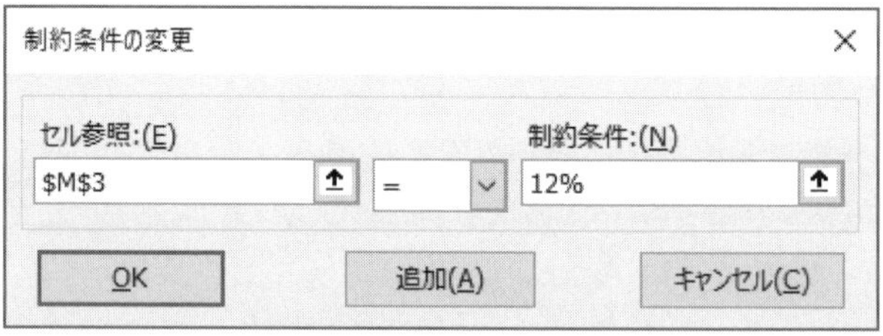

制約条件の変更		✕
セル参照:(E)		制約条件:(N)
$M$3 ⬆	= ▾	12% ⬆
OK	追加(A)	キャンセル(C)

❷の条件は、「**J5セルが0%以上**」（図4-50）と「**J5セルが100%以下**」の2つに分けて設定します。❸と❹の条件も、同様の手順で設定します。また、❺の条件は「M5セルの値が100%に等しい」という形で設定します（図4-51）。

すべての制約条件を設定し終わると、ソルバーのダイアログボックスは次ページの図4-52のようになります。

298

図4-50 「J5セルが0%以上」の制約条件の設定

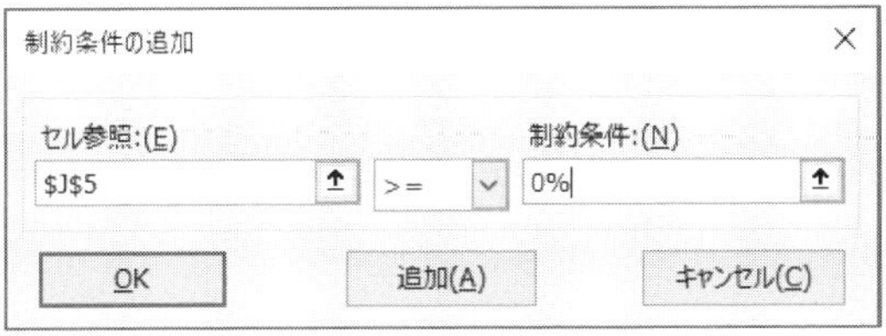

制約条件の追加　　　　　　　　　　　　　　　　　　　　×

セル参照:(E)　　　　　　　　　　　　　制約条件:(N)

$J$5　　　↑　>=　∨　0%　　　　　　↑

　OK　　　　　追加(A)　　　　キャンセル(C)

図4-51 「M5セルの値が100%」の制約条件の設定

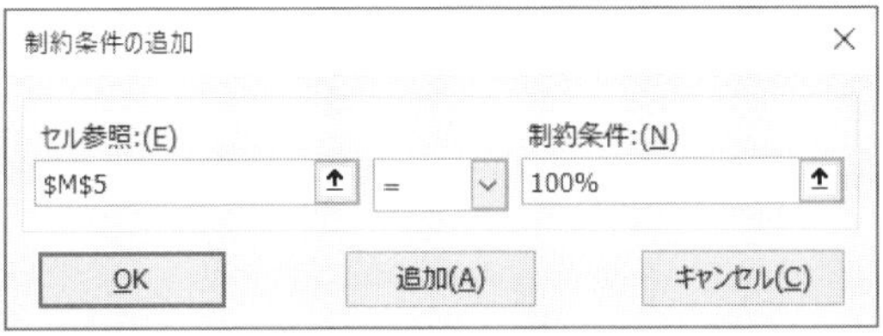

制約条件の追加　　　　　　　　　　　　　　　　　　　　×

セル参照:(E)　　　　　　　　　　　　　制約条件:(N)

$M$5　　　↑　=　∨　100%　　　　　　↑

　OK　　　　　追加(A)　　　　キャンセル(C)

図4-52 ソルバーの設定が終わったところ

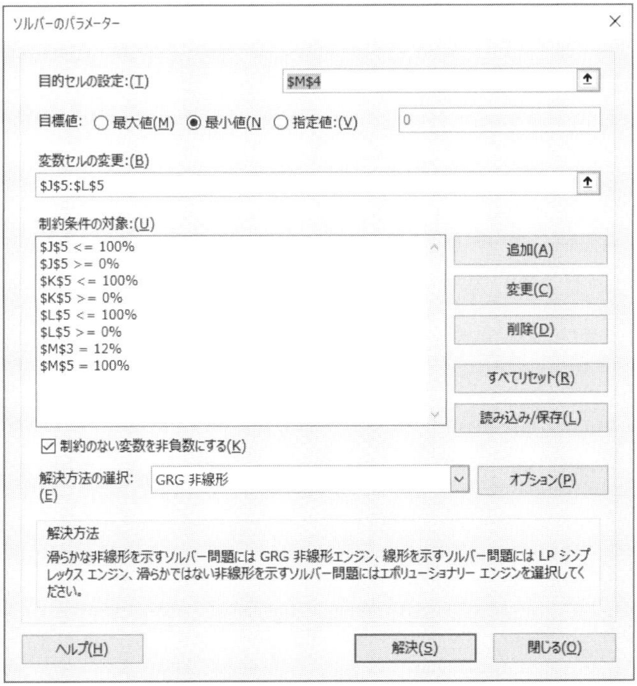

ソルバーのパラメーター　　　　　　　　　　　　　　　　　　　　　　　　×

目的セルの設定:(T)　　　　　　　　　　　$M$4　　　　　　　　　　↑

目標値:　○最大値(M)　●最小値(N)　○指定値(V)　　　0

変数セルの変更:(B)

$J$5:$L$5　　　　　　　　　　　　　　　　　　　　　　　　　　↑

制約条件の対象:(U)

$J$5 <= 100%　　　　　　　　　　　　　　　　　　　　追加(A)
$J$5 >= 0%
$K$5 <= 100%　　　　　　　　　　　　　　　　　　　　変更(C)
$K$5 >= 0%
$L$5 <= 100%　　　　　　　　　　　　　　　　　　　　削除(D)
$L$5 >= 0%
$M$3 = 12%
$M$5 = 100%　　　　　　　　　　　　　　　　　　　すべてリセット(R)

　　　　　　　　　　　　　　　　　　　　　　　　　読み込み/保存(L)

☑ 制約のない変数を非負数にする(K)

解決方法の選択:　　GRG 非線形　　　　　　∨　　　オプション(P)
(E)

解決方法
滑らかな非線形を示すソルバー問題には GRG 非線形エンジン、線形を示すソルバー問題には LP シンプ
レックス エンジン、滑らかではない非線形を示すソルバー問題にはエボリューショナリー エンジンを選択してく
ださい。

ヘルプ(H)　　　　　　　　　　　　解決(S)　　　閉じる(O)

ソルバーの結果を見る

　ここまでの設定を終えて、ソルバーのダイアログボックスで[解決]ボタンをクリックすると、ソルバーが実行されて、[ソルバーの結果]ダイアログボックスが開きます。このダイアログボックスで、「ソルバーパラメーターのダイアログに戻る」のチェックをオフにして[OK]ボタンをクリックしてワークシートに戻り、ソルバーの結果を見ます。

　すると、投資割合をトヨタ自動車29％／武田薬品工業34％／ソニー37％にしたときが、リスクが19.08％で最小になることがわかりました（図4-53）。

図4-53 ソルバーで最適な投資割合を求めた結果

M4			▼	:	×	✓	_fx_	=PRISK(J4:L4,J8:L10,J5:L5)					
	A	B	C	D	E	F	G	H	I	J	K	L	M
1		株価			月間騰落率								
2		トヨタ	武田	ソニー	トヨタ	武田	ソニー			トヨタ	武田	ソニー	分散投資
3	2014/1/1	6360	4820	1815	-7.55%	-1.04%	-11.68%		期待リターン	4.21%	-0.67%	29.52%	12.00%
4	2014/2/1	5880	4770	1603	-1.48%	1.36%	8.42%		リスク	20.94%	18.79%	30.94%	19.08%
5	2014/3/1	5793	4835	1738	0.79%	1.18%	14.67%		投資割合	29%	34%	37%	100%
6	2014/4/1	5839	4892	1993	-4.49%	-5.60%	-10.44%						
7	2014/5/1	5577	4618	1785	3.62%	0.26%	-7.96%			トヨタ	武田	ソニー	
8	2014/6/1	5779	4630	1643	5.55%	1.40%	3.29%		トヨタ	1			
9	2014/7/1	6100	4695	1697	-0.25%	0.32%	10.78%		武田	0.323976	1		
10	2014/8/1	6085	4710	1880	-2.00%	1.10%	5.43%		ソニー	0.497072	0.407989	1	
11	2014/9/1	5963	4762	1982	8.17%	-0.54%	-0.05%						

　トヨタ自動車だけに投資した場合と比べてみると、**期待リターンは約3倍ある一方で、リスクは若干減らすことができています。**

　期待リターンは過去の株価の動きから求めているため、今後もこの傾向が続くとはいえません。ここで求めた投資割合のとおりに投資したからといって、今後も同様の結果が得られる保証はありません。

　ただ、**何も考えずに適当に投資割合を決めるよりは、よりよい結果が得られる可能性がある**と考えられます。

　複数の銘柄に分散投資する際には、ここで行ったような手順で、各銘柄の最適な投資割合を調べてみるとよいでしょう。

あとがき

　本書ではExcelを株式投資に活かす手法を紹介してきましたが、いかがだったでしょうか。

　Excelの多彩な機能をうまく組み合わせることで、Excelをテクニカル分析やファンダメンタル分析に活かせることがおわかりいただけたと思います。

　また、一般的な株式投資の書籍では、投資の計画を立てたり、それを延長してキャッシュフロー表を作ったりする話は、ほとんど出てこないと思います。しかし、キャッシュフロー表はファイナンシャル・プランニングでは基本となるツールであり、株式投資をする際にも重要だと考えますので、本書では紹介してみました。

　さらに、最後の章では、すべての銘柄を対象にしてスクリーニングを行う手法を紹介しました。ネット証券などのスクリーニングのサービスでは不十分な場合に、Excelを使うことで高度なスクリーニングを行うことができ、銘柄探しの質を上げることができます。

　紙面の都合で、事例をあまり掲載できなかったのが、やや心残りではあります。ただ、Excelを株式投資に活かす際の考え方は、できる限り解説しました。

　また、Excelそのものの解説は行っていませんので、Excelに不慣れな方には難しい面があったかもしれません。そのような場合には、Excelの基本をマスターしてから、ぜひ再度、本書をお読みいただければと思います。

　本書で得た知識をベースにして、ご自分でさらに試行錯誤して、株式投資のさまざまな局面で、Excelを存分に活かしていただければ幸いです。

2019年7月

藤本 壱

索引

■ 記号・アルファベット

$ 67, 71, 257, 259, 271, 279
#N/A 259, 263, 264, 273
AND 182
AVERAGE関数 290
CSV.....................95, 102, 103, 105, 250, 254, 268
FLOOR関数 279
FV関数..33, 34, 36, 48, 49, 50
IF関数 168, 180, 181, 182, 183, 200, 278
MACD..94, 115, 132
NPER関数 45, 46, 47
OR 182
PBR 267, 269, 271, 280
PBR水準 269, 278, 280
PER 267, 268, 269, 271, 280
PER水準 269, 278, 280
PMT関数...37, 38, 39, 40, 48, 49
PV関数..36, 37
RANK関数 278, 279
RATE関数 41, 42, 44
RCI 94, 108, 131
RROC.........94, 108, 157, 158, 160, 161, 162, 163
RSI.............................94, 108, 131, 132, 134, 178
SQRT関数 290
STDEVP関数...285, 290
SUM関数 80, 297
VLOOKUP関数 255, 256, 257, 259, 260,
261, 262, 269, 270, 271, 272
XBRL...244

■ あ行

アドイン 16, 17, 18, 60, 61, 102, 103, 288
一目均衡表 94, 111, 113, 119, 121, 128, 130,
137, 139
移動平均 103, 108, 113, 115, 117, 118, 122,
123, 128, 168, 186, 187, 188, 189, 192, 195,
196, 197, 199, 208, 214, 216, 217, 218, 219,
220, 224, 227, 229, 236
移動平均線 94, 130, 173, 175, 176
オートフィル 53
オシレータ系指標................94, 131, 132, 134, 135,
159, 160, 161
終値....................104, 113, 152, 168, 253, 257, 258

■ か行

乖離率 94, 108, 131, 195, 196, 197, 200, 208,
214, 217, 218, 219, 227, 228, 229, 230,
231, 233, 236

加重移動平均 94, 108
株価水準 132, 143, 151, 267, 269, 279,
280, 282, 283
株価チャート 14, 90, 126, 127, 128, 129,
130, 135, 137, 138, 144, 147, 148
株価データ 92, 95, 97, 98, 99, 102, 103, 104,
105, 109, 117, 140, 151, 152, 154, 155, 156,
166, 167, 169, 187, 204, 227, 236, 249, 250,
253, 257, 258, 261, 269
株式投資アドイン.............15, 20, 93, 94, 102, 104,
108, 115, 119, 124, 126, 128, 137, 147, 150,
167, 169, 172, 173, 175, 176, 178, 180, 183,
197, 204, 214, 245, 246, 294, 295
株式分割
.............92, 93, 150, 151, 154, 155, 156, 254, 266
株式併合 93, 151, 156, 254, 266
空売り 162, 163, 170, 171, 172, 183, 185,
195, 201, 206, 207, 208, 209, 210, 212, 213,
214, 217, 222, 224, 225, 230, 235
空買い 170, 171, 235
関数.............32, 33, 36, 37, 38, 41, 45, 48, 50, 93,
119, 182, 255, 256, 261, 278, 279, 285, 294, 295
基準線 113, 137
期待リターン 284, 285, 286, 287, 288, 289,
290, 291, 293, 294, 296, 300
キャッシュフロー表...............75, 76, 77, 82, 83, 87
業種.....................13, 253, 267, 269, 271, 274, 275,
277, 278, 280
月間騰落率 289, 290, 292
高低線 139
ゴールデンクロス.............176, 180, 186, 188, 189,
191, 192, 193, 195, 197, 199, 208, 214, 217

■ さ行

最適値 168, 227, 229, 230, 236
財務関数 12, 32, 33
シグナル 115
市場..........253, 267, 268, 269, 270, 271, 274, 275,
277, 278, 280
指数平滑移動平均................................94, 108, 115
自動化 14, 93, 147
指標の方向 173, 175
週足 106, 107, 151, 169
条件式 181, 182
上昇率 158, 255, 262, 263, 265, 266, 269,
274, 275, 277, 278, 280, 282, 283
初期投資金額 63, 69, 204, 205, 210, 212, 213,
220, 223, 224, 238

信用取引 170, 172, 206, 209, 235
信用取引貸株料 206, 234, 235
信用取引金利 206, 234, 235
スクリーニング 13, 255, 263
制約 60, 69
制約条件 66, 67, 72, 73, 84, 85, 298
線形回帰 157, 158, 159, 160
先行スパン1 .... 113, 137, 138, 139
先行スパン2 .... 113, 137, 138, 139
相関係数 285, 286, 287, 288, 292, 293, 295
ソルバー 60, 61, 63, 64, 66, 67, 69, 71, 72, 73,
74, 82, 83, 84, 85, 86, 87, 296, 297, 298, 300
損切り 168, 169, 206, 207, 215, 216, 223,
230, 232, 233, 241

■ た行

高値 102, 104, 113, 147, 152, 253, 257
ダマシ 163
短期移動平均 180, 217, 218, 219, 220, 224,
227, 236, 240
単純移動平均 94, 108, 117, 187
遅行スパン 113, 137
チャート 13, 90, 99, 107, 124, 126, 127, 128,
129, 130, 131, 132, 134, 135, 137, 139, 140,
141, 142, 143, 144, 145, 146, 147, 148, 149,
154, 156, 160, 169
長期移動平均 227
月足 106, 107, 151, 169, 289
積み立て 28, 29, 30, 33, 34, 38, 39, 42, 46,
48, 50, 52, 53, 60, 63, 64, 67, 68, 69, 70,
71, 72, 74, 81
出来高 90, 93, 104, 108, 124, 126, 127, 132,
143, 151, 152, 173, 185, 253, 260
出来高系指標 94, 131, 132, 134
テクニカル指標 ...13, 14, 90, 93, 94, 103, 108, 117,
118, 119, 122, 124, 126, 128, 132, 151, 154,
155, 157, 159, 162, 168, 173, 176, 182, 254
テクニカル分析 13, 14, 90, 92, 93, 106, 107,
151, 154, 166, 173, 254
手仕舞い条件 204, 205, 206, 207, 208
デッドクロス 176, 180, 186, 188, 189, 191,
192, 193, 195, 197, 199, 208, 214, 217
転換 173, 175
転換線 113, 137
投資計画ワークシート 52, 55, 60, 63, 69
投資割合 285, 286, 287, 290, 294, 295, 296,
297, 298, 300
取り崩し 30, 47, 48, 52, 53, 56, 58

トレンド系指標 94, 128, 129, 130
トレンドライン 147

■ な行

年平均利回り 25
年利回り 26, 27, 29, 69, 70, 71, 73

■ は行

売買条件 183, 184, 185, 186, 191, 193, 199,
201, 203, 204, 208, 214, 215
始値 102, 104, 152, 168, 169, 253, 289
バックテスト 166, 172, 180, 203, 210, 214,
224, 227, 228, 232, 234, 240
パラメータ 118, 119, 120, 121, 122, 123,
168, 214, 215, 216, 217, 218, 224,
227, 228, 230, 236, 237, 240
日足 95, 100, 102, 104, 106, 109, 117,
151, 169, 186, 187, 216, 217
日足チャート 140, 141, 160
日付 100, 104, 120, 127, 140, 142, 151,
152, 154, 158, 185, 204, 207, 253
ピボットグラフ 283
ピボットテーブル 267, 274, 277, 280, 283
表示期間 140, 142, 143
標準偏差 285, 290
ファンダメンタル分析 13, 14, 245, 249, 250
フィルター 247, 248, 263, 264, 273, 274
分散投資 13, 284, 285, 286, 287, 288, 289,
290, 292, 294, 295, 296, 297, 300
分析ツール 288, 292
平均足 94, 111, 119, 124, 130, 135
変数セル 66, 67, 69, 71, 83, 84, 297
ボリュームレシオ 94, 108, 131, 134
ボリンジャーバンド
.... 94, 113, 114, 121, 122, 123, 128

■ ま行・や行・ら行

目的セル 66, 71, 84, 297
安値 104, 113, 152, 253, 257
四本値 253
ライフイベント表 75, 76, 77, 82
リスク分散 293
利回り 25, 28, 29, 31, 33, 53, 54, 56, 63, 81
利率 32, 33, 41, 42, 43, 44
リンク貼り付け 57, 58, 69, 70, 83
レバレッジ 171, 172, 206, 234, 235, 236,
238, 239, 240, 241, 242

■著者紹介

藤本 壱（ふじもと・はじめ）

1969年兵庫県伊丹市生まれ。神戸大学工学部電子工学科を卒業後、ソフトメーカー勤務を経て、パソコン関係のフリーライターに転身し現在にいたる。株式のネット取引が話題になり始めた1999年に『インターネットではじめる株式投資』（自由国民社）を上梓し、それ以後は株式投資関係の書籍も多数執筆している。

普段から株式投資にパソコンを活かし、銘柄選びや売買タイミングに役立てている。Excelも多用しており、分析の際の必需品になっている。中でもピボットテーブル機能がお気に入り。今回の本は『Excelでできる株価チャートらくらく分析法』（自由国民社）以来、およそ10年ぶりのExcel投資本である。

最近の株式投資関係の著書には、以下のようなものがある（いずれも自由国民社刊）。

『実戦相場で勝つ！株価チャート攻略ガイド』
『株初心者も資産が増やせる高配当株投資』
『上手に稼ぐカラ売りテクニック』
『新興市場・2部銘柄で儲ける株』

● カバーデザイン　　　　　　　　tobufune
● 本文デザイン／レイアウト　　　BUCH⁺

Excel でここまでできる！
株式投資の分析&シミュレーション
［完全入門］

2019年9月11日　初版　第1刷発行

著　者　　　藤本 壱

発行者　　　片岡 巌

発行所　　　株式会社技術評論社
　　　　　　東京都新宿区市谷左内町 21-13
　　　　　　電話　03-3513-6150　販売促進部
　　　　　　　　　03-3513-6166　書籍編集部

印刷／製本　日経印刷株式会社

定価はカバーに表示してあります。

本書の一部または全部を著作権法の定める範囲を超え、無断で複写、複製、転載、テープ化、ファイルに落とすことを禁じます。

ⓒ 2019　Hajime Fujimoto

造本には細心の注意を払っておりますが、万一、乱丁（ページの乱れ）や落丁（ページの抜け）がございましたら、小社販売促進部までお送りください。送料小社負担にてお取り替えいたします。

ISBN978-4-297-10729-1 C2034

Printed in Japan

本書の運用は、お客様ご自身の責任と判断によって行ってください。本書に掲載されている情報、株式投資アドイン、サンプルファイルなどによって万一損害等が発生した場合でも、筆者および技術評論社は一切の責任を負いません。最終的な投資の意思決定は、ご自身の判断でなさるようお願いいたします。

本書の内容に関するご質問は封書もしくはFAXでお願いいたします。弊社のウェブサイト上にも質問用のフォームを用意しております。

ご質問は本書の内容に関するものに限らせていただきます。本書の内容を超えるご質問にはお答えすることができません。

〒162-0846
東京都新宿区市谷左内町 21-13
（株）技術評論社　書籍編集部
『Excelでここまでできる！
株式投資の分析&シミュレーション
［完全入門］』質問係

FAX　03-3513-6183
Web　https://gihyo.jp/book/2019/
　　　978-4-297-10729-1